Dieter Brüll

Waldorfschule und Dreigliederung,
der peinliche Auftrag

DIETER BRÜLL

WALDORFSCHULE
UND
DREIGLIEDERUNG

Der peinliche Auftrag

vom Risiko, eine anthroposophische Institution zu sein

LAZARUS VERLAG

NEARCHUS

CIP-Titelaufnahme der Deutschen Bibliothek

Brüll, Dieter:

Waldorfschule und Dreigliederung - der peinliche Auftrag:
vom Risiko, eine anthroposophische Institution zu sein /
Dieter Brüll. - Raisdorf : Lazarus-Verl. ; Leiden : Nearchus,
1992

ISBN 3-924967-06-7 (Lazarus-Verl.)
ISBN 90-73310-03-2 (Nearchus)

CIP-gegevens Koninklijke Bibliotheek, Den Haag

Brüll, Dieter

Waldorfschule und Dreigliederung, der peinliche Auftrag:
vom Risiko eine anthroposophische Institution zu sein /
Dieter Brüll; (teilweise aus dem Niederländischen übers. vom
Autor). - Raisdorf (etc.): Lazarus; Leiden: Nearchus C.V.

ISBN 90-73310-03-2

Trefw.: antroposofisch onderwijs.

© Lazarus Verlag & Nearchus C.V., Raisdorf / Leiden
Umschlaggestaltung: Monika Neve
Druck: krips repro meppel, Meppel (NL)

INHALT

Einleitende Gedanken der Herausgeber
9

Vorwort
12

I. Die Grundform einer dreigegliederten Schule
19

II. Republikanisch *und* demokratisch
51

III. Das Richtergremium
65

IV. Das Geistorgan
69

V. Waldorfschule und Waldorfeltern
75

VI. Waldorfschule und Förderung
89

VII. Eine alternative dreigliedrige Schulstruktur
94

VIII. Eine Zweiklassenschule?
96

Anhang
A - Ein Kapitel aus der pädagogischen
Sozialpathologie: die Unterwerfungsakte
B - Ein mikro-sozialer Exkurs
99

Anmerkungen
122

Bibliographische Notizen
126

Hinweise auf Literatur zum Thema
128

Diese Schrift sei dem Gedenken an Walter Soesman gewidmet. Der Ausbildung nach Wirtschaftswissenschaftler (Rotterdam), erreichte er schnell hohe amtliche Würden, um in seinem 42.Lebensjahr in die Waldorfpädagogik einzusteigen. Als Schatzmeister der Geert Groote School (Amsterdam) entwickelte er die Ideen und Impulse, die dann dazu führen konnten, daß sich - meines Wissens erstmalig - eine Waldorfschule eine dreigliedrige Struktur gab. Dieser überaus bescheidene Mensch war der Bahnbrecher der meso-sozialen, der institutionellen Dreigliederung.

Walter Soesman (1905-1977)

Einleitende Gedanken der Herausgeber

Einen Tag vor der Eröffnung der ersten Waldorfschule am 7.September 1919 schließt Rudolf Steiner seinen dreiwöchigen Vorbereitungskurs für die künftigen Waldorflehrer mit einer Betrachtung. Dabei legt er ihnen folgendes als wesentliche Elemente ans Herz: "Denken Sie daran, daß der Lehrer ein Mann der Initiative sei, daß er niemals lässig werde, das heißt, nicht voll bei dem dabei sei, was er in der Schule tut, wie er sich den Kindern gegenüber benimmt. Das ist das erste: Der Lehrer sei ein Mensch der Initiative im großen und kleinen Ganzen." Und gleich weiter: "Das zweite, meine lieben Freunde, ist, daß wir als Lehrer Interesse haben müssen für alles dasjenige, was in der Welt ist und was den Menschen angeht. Für alles Weltliche und für alles Menschliche müssen wir als Lehrer Interesse haben. Uns irgendwie abzuschließen von etwas, was für den Menschen interessant sein kann, das würde, wenn es beim Lehrer Platz griffe, höchst bedauerlich sein." Dann später: "Das dritte ist: Der Lehrer soll ein Mensch sein, der in seinem Inneren nie einen Kompromiß schließt mit dem Unwahren, sonst würden wir sehen, wie durch viele Kanäle Unwahrhaftiges, besonders in der Methode, in unseren Unterricht hereinkommt. Unser Unterricht wird nur dann eine Ausprägung des Wahrhaftigen sein, wenn wir sorgfältig darauf bedacht sind, in uns selbst das Wahrhaftige anzustreben." Weiter soll ein Lehrer sich zur goldenen Lebensregel machen, nicht zu "verdorren". Gefordert ist eine "unverdorbene, frische Seelenstimmung"! Am Schluß spricht Rudolf Steiner noch die Sorge aus, die für ihn mit Einleitung und Einrichtung dieser Schule zusammenhängt: "Diese Waldorfschule muß gelingen! (...) Mit ihrem Gelingen wird für manches in der Geistesentwicklung, das wir vertreten müssen, eine Art Beweis erbracht sein." (6.September 1919. GA 294)

Über siebzig Jahre sind seitdem vergangen. Vielen Zeitgenossen sagt ein Begriff wie "Anthroposophie" nichts. Noch weniger wissen, was sie mit "sozialer Dreigliederung" anfangen sollen. Aber von "Waldorfschule", "Waldorfpädagogik" haben doch schon viele gehört. Vor allen anderen aus der Anthroposophie erwachsenen praktisch tätigen Bewegungen ist die Waldorfschulbewegung bekannt geworden. Sie stand und steht auf dem Prüfstand, intern, aber vor allem auch extern.

Um in den Genuß dieser Pädagogik zu kommen, nehmen viele Eltern in der Regel mehr Schwierigkeiten, Mühen in Kauf, als es die üblichen Beschulungspfade mit sich brächten. Sie tun es in der Hoffnung, die der Waldorfpädagogik entgegengebrachten Erwartungen erfüllt zu sehen. - Auch viele Lehrerinnen und Lehrer, die besten Gewissens die oben angeführten Aussprüche Rudolf Steiners verinnerlichen können, nehmen oftmals aufwendige Wege und Belastungen auf sich, um zuletzt die Möglichkeit zum Unterrichten in Waldorfschulen zu finden.

Werden die Erwartungen der Eltern, werden die Erwartungen der Unterrichtenden erfüllt? Was bleibt nach 8, 9, ja 12 Schuljahren übrig? Was wird aus den Schülern, die ihre Eltern durch manchmal seltsame Biographien dazu "führten", sie auf eine Waldorfschule zu geben? Kann ihre weitere Entwicklung Zeugnis sein für ein richtiges und auf der Höhe der Zeit stehendes Menschenbild? Sind sie selbst zu begeisterten Verfechtern einer solchen Unterrichtsmethode geworden? Oder sind viele von ihnen verbittert in einem Gefühl, es wäre in ihren jungen Jahren manches versäumt worden, was später kaum mehr nachzuholen ist?

Das Schulwesen zählt man vordringlich zum Geistesleben. Und hier geht es um Konkurrenz, Auseinandersetzung, klare Unterscheidung. Darum kann es nicht verwundern, daß auch Waldorfpädagogik genauestens betrachtet und beurteilt wird, von Freunden, aber vor allem auch von anderen. Wenn die Freunde rechtzeitig Fragwürdigkeiten entdecken und etwas zur Behebung versuchen, ist das sicher besser, als wenn andere darauf hinweisen müssen. Um es in einem Bild zu sagen: Wer ist schon in der Lage, ein Dach zu reparieren, wenn der Sturm tobt? Vor dem Sturm das Dach genau zu inspizieren, das wäre die richtige Haltung des Hüters eines Hauses gewesen. Aber auch, wenn Versäumnisse vorliegen, so mag der erste Sturmschaden Anlaß zu längst fälligen Maßnahmen sein...

Solche "Sturmschäden" sind heute in der sich ausbreitenden Waldorfschulbewegung nicht mehr "schönzureden". Sie sind ja da. Viele Lehrer, Eltern und Schüler leiden darunter, reiben sich an oft unnötigen Mißständen auf. Dieter Brüll bringt humorvolle Charakteristiken aus dem Schulalltag zur Veranschaulichung.

In den ehemals kommunistisch regierten Ländern ist es nun auch möglich, Waldorfschulen zu gründen. Werden die "Baupläne" zum Aufbau von Waldorfschulen, die sich an die westlichen Vorbilder anlehnen, genügen, obwohl manche Mängel im Westen bereits erkannt werden?

"Es geht um den Kaffee, nicht um die Tasse. Doch ist die Tasse unentbehrlich, und schon ein Sprung kann peinliche Folgen haben", so illustriert Dieter Brüll die Frage nach einer angemessenen Form, um auch wirklich in den Genuß des Inhalts zu kommen. Welche Resignation auf allen Seiten, wenn dieser immer wieder zwischen den Fingern verrinnt!

Wer Schülern, Eltern und vor allem den Lehrern helfen will, Waldorfpädagogik möglich zu machen, muß deshalb heute mehr denn je die Frage nach dem "Gefäß" stellen. Niemand "verdurstet" gern - und wendet sich gegebenenfalls dann anderen Inhalten zu. Deshalb kann dies Buch von Dieter Brüll eine wirklich große Hilfe für alle Betroffenen bedeuten. Diese Schrift des erfahrenen "Insiders" ist darüberhinaus aber auch für andere Kreise interessant. Denn am Beispiel der Waldorfschule wird hier demonstriert, wie eine Institution (hier des Geisteslebens) sich eine zeitgemäße (sprich: dreigliedrige) Struktur geben kann. So mögen auch andere Kreise, die nicht in irgendeiner Beziehung zur Anthroposophie stehen, prüfen, ob die angesprochene Organisationsform nicht für jede Einrichtung heute menschengemäß und fruchtbar sein könnte. - In diesem Sinne wünschen wir der Schrift viele Leser innerhalb der Waldorfschulbewegung und außerhalb.

John Hogervorst / Nearchus Verlag
Monika Neve / Lazarus Verlag

VORWORT

Der Anlaß zu diesem Buch ist ein dreifacher. Da waren an erster Stelle die Fragen zur Struktur der Waldorfschule, die von allen Seiten auf mich zukamen. Meist waren sie aus der Besorgnis geboren um das, was in der 'eigenen' Schule geschah. Oft geschah es auch aus Abkehr von Geschehnissen: "Wie kann so etwas in einer Waldorfschule passieren?" Selten ging es um pädagogische Fragen und wenn, dann lag meist ein strukturelles Defizit zugrunde. Ich denke zum Beispiel an jene Mutter, die entsetzt war über die Art der Strafen, oder an jene Eltern, die plötzlich überrascht wurden mit der 'pädagogischen Notwendigkeit' eines freien Samstages. Solche Fragen haben in der Vergangenheit des öfteren zu Publikationen geführt, sind aber so zerstreut und teilweise nur in holländischer Sprache erschienen, daß ich meinte, mit einer Sammlung auf ein Bedürfnis zu stoßen.

In diese Richtung ging auch die zweite Überlegung. Mein Lebenslauf hat mich in fast alle mit einer Waldorfschule zusammenhängenden Positionen gebracht. Aus jeder habe ich Erfahrungen mitgenommen: als Waldorfschüler, als Ehemaliger, als Waldorfseminarist, als Lehrer, als Waldorfvater, als Vorstandsmitglied und schließlich als freistehender Berater. Jedesmal stand ich vor Rätseln, manchmal vor Entdeckungen. Sie fügten sich im Lauf der Zeit zu einem deutlichen Bild dessen, was den Waldorfschulen fehlt und immer wieder zu Unannehmlichkeiten führt. Wie verschieden die Ursachen auch aussahen und wie sehr sie auch stets durch Menschen hindurch wirkten, die man dann zum Sündenbock machen konnte - der gemeinsame Nenner war und blieb, daß zeitgemäße Pädagogik sich nur in einer zeitgemäßen Struktur richtig entfalten kann. Die diesbezüglichen Erkenntnisse, etwas systematisch geordnet, der Öffentlichkeit zugänglich zu machen, wird mir - warum sollte ich mich dessen schämen? - gegen das Lebensende immer mehr zu einem Bedürfnis.

Der dritte und wichtigste Grund schließlich hängt mit meiner eigentlichen Aufgabe zusammen: dem sozialen Impuls Rudolf Steiners. Wer die Geschichte der Waldorfschule kennt, weiß, daß diese aus der Dreigliederungsbewegung heraus geboren wurde. Als letztere scheiterte, war es die Waldorfschule, die Steiner als den Keim für deren künftige Wiedergeburt betrachtete. Darum sollten, so Steiner, die Schüler, welche die Schule verlassen, die Dreigliederung beherrschen wie die vier Rechnungsarten. Aber wer ist ihnen begegnet? In meiner Beratungstätigkeit stieß ich geradezu auf Angst und Unwillen, wenn das Wort Dreigliederung fiel. Allem, was weiter geht als Theorie, was auf die Notwendigkeit eines Eingreifens in die gegebenen, vor allem strukturellen Verhältnisse hinweist, wird Mißtrauen, wenn nicht gar Feindseligkeit entgegengebracht. Oft ohne zu wissen, wie eine dreigliedrige Schulstruktur aussieht, stellt sich das Argument ein, daß die Mitarbeiter noch nicht reif dafür wären und/oder, daß deren Einführung ein nicht zu verantwortendes Risiko brächte. Das Risiko, eine anthroposophische *Institution* zu sein? Diese Feststellung gilt übrigens nicht nur für die Schulen, sondern für das ganze institutionelle anthroposophische Leben, gewiß mit einigen Ausnahmen. Die Waldorfschule hat da nur das Erstgeburtsrecht, weil sie die erste Institution war, mit der sich die anthroposophische Bewegung in die Öffentlichkeit stellte. Heute aber sind mir zum Beispiel in den Niederlanden mehr Therapeutiken als Schulen bekannt, die nach einer dreigliedrigen Struktur streben.

Dieses Fehlen von Beispielen, diese Feindschaft gegen den anthroposophischen Sozialimpuls soll keineswegs den einzelnen Institutionen vorgeworfen werden. Jede hat das Recht, sich so zu gestalten, wie es den Wünschen ihrer Mitarbeiter oder ihrer Leiter entspricht. Sie hat nur kein Recht, das, was dabei als Abklatsch unserer Gesellschaftsstruktur herauskommt, Dreigliederung zu nennen. Genau das aber kommt gar nicht so selten vor. Psychologisch ist das sehr wohl verständlich, da man sich in der peinlichen Situation befindet, daß man Steiners Auftrag, die Waldorfschulen mögen Wegbereiter einer künftigen Dreigliederung sein, weder annehmen noch abweisen will. Man sollte ferner wissen, daß die Art, wie eine Schule sich formt, nicht nur für sie Bedeutung hat. Eine nichtdreigliedrige Struktur schädigt die ganze Menschheit, weil ihr die Möglichkeit genommen wird, sich an einem in der Praxis funktionierenden, dem heutigen Bewußtsein angemessenen 'Modell' zu orientieren. Wer händeringend in den Greueln, deren Zeugen wir sind, fragt, was er doch tun könne, fände die Antwort, indem er auf dem Platz, an den ihn das Schicksal gestellt hat, zu dreigliedern anfänge!

Die Distanzierung von der Dreigliederung schadet aber auch dem anthroposophischen Leben. - In einem öffentlichen Votum bei der Wiederbelebung der Sozialwissenschaftlichen Sektion der Freien Hochschule für Geisteswissenschaft in Dornach gab Manfred Schmidt Brabant als Sektionsleiter folgendes Schaubild für deren Aufbau:

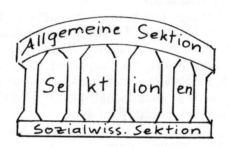

Was sich aus der Allgemeinen Sektion an Errungenschaften in die verschiedenen Sektionen ergießt und dort zur geisteswissenschaftlichen Vertiefung der einzelnen Fachgebiete führt, findet seine Grundlage in der sozialwissenschaftlichen Sektion, wodurch die verschiedenen Sektionen in der Sozietät zu wurzeln anfangen. - Wir denken an das Wort Steiners: Geist ohne Form ist tatenlos. Es ist der soziale Impuls, dem es obliegt, die Form zu schaffen, durch die sich die anderen anthroposophischen Impulse bis in das gesamtgesellschaftliche Dasein verkörpern können. Wenn aber die Institutionen, die anthroposophische Impulse vermitteln wollen, keine anthroposophischen *Institutionen* sind, das heißt in ihrer Struktur nicht auf dem anthroposophischen Sozialimpuls fußen, schwebt das ganze Gebäude der Freien Hochschule in der Luft.

Die Schulen sind an erster Stelle gerufen, diesen Sozialimpuls aufzunehmen, ihrer Geschichte *und* ihrer sozialen Mission wegen. Diese Aufgabe aufzugreifen, dazu möchte dieses Buch ein Beitrag sein. Stellt man sich dieser Aufgabe nicht, dann wird sich die Tendenz durchsetzen, die heute schon sichtbar wird. Die Schulbewegung wird auseinanderfallen in einerseits kleine, theokratisch geführte Sektenschulen und andrerseits in Schulen, die in der Anpassung an das, was der 'widerrechtliche Fürst dieser Welt' fordert, ihre Identität verlieren. Diese Identitätskrise wird heute bereits vielerseits erlebt, ohne daß die Ursachen immer deutlich erkannt werden. An dem Schmerz darüber, was hier verloren geht, mag aber mancher erwachen. Das ist der Hoffnungsstrahl im Niedergang.

Dem Erwachen ist meines Erachtens mehr gedient mit Erfahrungen und praktischen Hinweisen für Veränderungen als mit philosophischen Betrachtungen, die nämlich ohne Praxis Erbauungsliteratur bleiben. Wer auch die Hintergründe dessen, was in diesen Kapiteln steht, sucht, wird sie in meinem *Anthroposophischen Sozialimpuls* (Schaffhausen 1984) finden. Dort findet er auch die Fundierung im Werk Steiners und weitere Dokumentation, die ich bis auf ganz wenige Ausnahmen hier weggelassen habe; genauso übrigens wie Vergleiche mit anderen Publikationen zum Thema. Der interessierte Leser wird seinen Weg finden. Siehe auch die Hinweise.

Unter den Themen nimmt Anhang A eine besondere Stelle ein. Er will zeigen, wie innerhalb der Schulbewegung eine Anti-Dreigliederungskraft am Werk ist. Auch das gehört zum Erwachen. Was dem Leser hier zugemutet wird, ist die juristische Analyse, die im Prinzip zu jedem Vertrag - und ein solcher wird hier besprochen - geleistet werden muß. Ich empfinde es als erschütternd, daß diese Unterwerfungsakte jetzt allen Neugründungen in der früheren DDR aufgebürdet wird. Sie wird den Initiativnehmern bekannt vorkommen.

Ebenso aus dem Rahmen fällt Anhang B, *Ein Mikro-*

sozialer Exkurs. Er möchte etwas sehen lassen von dem eigentlichen, nämlich individuellen Sozialimpuls, der moralischer Natur ist. Darum darf er weder gefordert noch erwartet werden. Nur der Rahmen, in dem er, wenn der einzelne es wünscht, entwickelt und zur Verfügung gestellt werden kann, die dreigliedrige Struktur nämlich, ist machbar. Damit kann deutlich werden, daß das, was hier mit Bezug auf Waldorfschulen dargestellt wird, eigentlich *jeder* Schule gilt. Der soziale Impuls, die soziale Gebärde wäre nicht sozial, wenn sie sich auf die institutionalisierte Anthroposophie beschränkte. Der soziale Impuls ist ein menschheitlicher und darum seinem Wesen nach ein christlicher. - Um den Begriff "sozial" und um das Erlernen des Sozialen ranken sich viele Mißverständnisse. Da das meiste von dem, was heute unter dem Namen "sozial" verkauft wird, verfeinerter Egoismus ist, kam es mir nicht überflüssig vor, diese unzeitgemäße Betrachtung über das Soziale in einem Buch über soziale Dreigliederung in der Schulpraxis aufzunehmen.

So bleibt mir nur noch die freudige Aufgabe übrig, den Freunden, die meinem schwachen Deutsch und meinem laienhaften Wissen deutscher Verhältnisse zu Hilfe kamen, meinen Dank auszusprechen. Dankbar bin ich auch dem freien Verlag "Lazarus" und dem Dreigliederungsverlag "Nearchus", die das Erscheinen des Buches ermöglichten. Und Dank schulde ich last but not least den Waldorfschulen, denen ich mit diesen Gedanken eine Schuld abzutragen hoffe für alles, was sie mir an Erziehung und Erkenntnissen geschenkt haben.

I.
DIE GRUNDFORM
EINER DREIGEGLIEDERTEN SCHULE

Man kann natürlich einfach anfangen: eine Handvoll Kinder, erwartungsvolle Eltern und ein oder zwei Lehrer. Wo es noch keine Würggesetze gibt, geht das sogar legal. Nach einiger Zeit entdeckt man, daß man sich, ohne es zu wollen, eine Struktur angemessen hat. Ob sie paßt, wäre freilich genauso ein Treffer wie ein aus einer Ramschpartie gezogenes Kleid, das paßt. - Man kann sich aus der Hauptstadt - des Landes oder der Bewegung - ein Schulmodell schicken lassen. So macht es der Staat ja auch, wenn er Schulen gründet. Man gewöhnt sich daran, garantiert. So, wie sich angelsächsische Kinder daran gewöhnt haben, in einer Uniform in die Schule zu gehen und es gar nicht mehr anders haben wollen. - Was man selten entdeckt, ist, daß die Struktur den ganzen Duktus des Lehrbetriebes bestimmt. Hat man diese unangenehme Wahrheit aber einmal gefunden, dann spräche doch wohl etwas dafür, sich im voraus zu überlegen, was für ein Normgebäude Waldorfschulen brauchen. Wollen wir es versuchen!

Dabei legen wir unserer Gedankenarbeit zwei Beschränkungen auf. Wir verbieten uns selber, und wäre es nur mit einem Nebengedanken, die Frage, ob das, was wir wollen, erlaubt sei. Wissen wir einmal, was wir wollen, dann findet sich schon ein Jurist, der unsere Wünsche in "Genehmigtes" überträgt. So macht es übrigens jeder, der auf einen grünen Zweig kommen will. - Und zweitens ist jede Frage nach der Bezahlbarkeit untersagt. Ein Rechner ist später aufzutreiben. Was haben wir jetzt getan? Wir haben - o pfui! - strukturiert. Wir haben uns eine Regel auferlegt. Sagen wir es positiv: Wir haben uns die Grenzen unseres Freiraums geschaffen. Und zurückblickend werden wir entdecken, daß wir mit diesen einfachen Regeln bereits Prinzipien bewegt haben, die uns auf unserer Entdeckungsreise begleiten werden.

Für diese Gedankenarbeit wäre das an sich nicht nötig gewesen. Wir hätten es ohne Struktur nur schwieriger, zu einem Resultat zu kommen. Unverbindliches Geistesleben bedarf keiner Struktur, und vielleicht haben darum im Geistesleben stehende Menschen so oft einen Widerwillen gegen Strukturieren. Man hat mir erzählt, daß es in Wien einen Schulverein ohne Schule gab, ich meine, mehr als zehn Jahre lang. Ja, da konnte man ins Blaue hinein phantasieren, denn das Ersonnene hatte doch keine Konsequenzen. Man durfte sich die Köpfe zerbrechen, ob die Vorbereitung für das Abitur eine En- oder Exklave der Schule zu sein hätte. Solange noch nicht einmal ein Kindergarten bestand, blieb das alles unverbindlich. Wir werden dieser Unverbindlichkeit - sei es strukturiert! - als positivem Prinzip wiederbegegnen.

Sowie die Tätigkeit anfängt, muß auch Struktur da sein. Ich weiß, es gibt viele Leute, die der Ansicht sind, daß die Struktur von selber aus der Arbeit wachsen soll. Es stimmt nur nicht. Der *Inhalt* soll aus der Arbeit, und nicht z.B. aus der Vorschrift oder aus dem Dogma wachsen. Die Struktur aber muß spätestens am Tage, an dem die Schule ihre Tore öffnet, da sein. Wer ihre Schwelle überschreitet, muß wissen, daß jetzt die Regeln der Schule gelten. Was würden die Lehrer wohl sagen, wenn sich in ihrer Konferenz ein Nachbar einstellte, der sich, wie er es unter Nachbarn gewöhnt ist, lautstark Gehör verschafft? Oder wenn eine Mutter in der Klasse erschiene, um normale Ölfarben statt der "doofen" Wasserfarben an die ABC-Schützen auszuteilen? Ach so, da geht's um Regeln für andere. Selber hat man die nicht nötig, man ist doch ein anständiger Mensch? Nun, dem begegnen wir schon noch. Vorläufig registrieren wir, daß die erste Strukturierungstat daraus besteht, daß ein Innen und Außen geschaffen wird. Die Schule bekommt eine Haut, die vielleicht am Anfang noch etwas dünn ist, die auch zu dick geraten sein kann, die aber, wie auch beschaffen, eine unerläßliche Bedingung für einen sozialen Organismus ist, genauso wie für den menschlichen. Ohne diese Haut kein Leben. "Geist ohne Form ist tatenlos" (Steiner).

Es gibt ein zweites Strukturelement, das, wenn nicht von Anfang an - und meist schon lange vor der Eröffnung -, doch sehr schnell notwendig wird: das Ziel der Schule. Jede Institution stellt sich ja in die Gesellschaft als Organismus hinein mit einer Aufgabe, die man sich zu bewältigen vornimmt. Ob man sie als Verein, als Stiftung, als Genossenschaft oder als Gesellschaft bürgerlichen Rechts konstituiert, man wird sein Ziel angeben müssen, weil die Gesellschaft ein Anrecht darauf hat, zu wissen, was diesen neuen Organismus, diesen neuen Erdenbürger beseelt. Dieses Ziel muß öffentlich sein, jedermann zugänglich. - Eine Waldorfschule wird da irgendwie aussagen, daß sie Pädagogik nach Rudolf Steiner zum Ziel hat.

So eine Zielsetzung hat weitgehende Folgen. Teilweise liegen die im Rechtsbereich: Taten der Institution, die nicht unter das Ziel fallen, sind nichtig. Viel wichtiger ist, daß durch die Zielsetzung das ganze Leben der Organisation auf das Ziel hin gerichtet wird. Man kann das als eine Ballung seiner Kraft, aber auch als eine tiefgreifende Beschränkung erleben, wie wir noch sehen werden.

Eine Schule ist ein Organismus. Ein Organismus baut sich Organe, die gewisse Funktionen in der Institution versorgen. Diese Organe entstehen nicht von selbst. Sie werden von Menschen eingerichtet und können nur sinngerecht tätig sein, wenn Menschen sie funktionsgemäß benutzen. In einer Waldorfschule, die auf Selbstverwaltung gebaut ist, ist der Spielraum, innerhalb dessen ein sozialer Organismus noch lebensfähig ist, breit. Weder das Fehlen wünschenswerter Organe, noch das Bestehen überflüssiger oder gar schädlicher (Geschwülste) braucht zum Tode der Institution zu führen. Das gibt Freiheiten und damit Gefahren. Fragen wir zunächst nach den lebenswichtigen Organen.

In jedem sozialen Organismus gibt es Geistesleben, Rechtsleben und Wirtschaftsleben. Weil die Institution ein Ziel hat, hat sie per definitionem Wirtschaftsleben, beinhaltet dieses doch die wirtschaftliche (= zweckmäßige) Zusammenarbeit auf ein gegebenes Ziel hin. Die Mitarbeiter müssen aber auch irgendwie miteinander und mit der Außenwelt (= was außerhalb der Grenzen der Institution ist) auskommen. Darin lebt ihr

Rechtsgebiet. Schließlich will jeder Mitarbeiter sich selbst verwirklichen, denn sonst wäre er ein Automat. Darin blüht das institutionelle Geistesleben - wobei wir Selbstverwirklichung keineswegs als ein egozentrisches Geschehen auffassen dürfen, sondern als dasjenige, was er als seinen (i.c.) pädagogischen Impuls verwirklicht. - Im Lauf der Jahrhunderte haben sich die Akzente verschoben. In unserer Zeit, in der der Mensch auf der Spitze seiner Persönlichkeit steht, hat er, wenn er zeitgerecht lebt, sein Ichwesen ganz aus der Institution herausgezogen, um diese gewissermaßen von außen zu bearbeiten, und zwar so, daß diese der Entwicklung seines Seelenlebens so behilflich wie möglich sei. Durch seine Seelenglieder führt er seine (Ich-)Impulse in die Institution ein. Sie bilden ihren Inhalt, den eigentlichen Seinsgrund der Institution. Daß er sein ungeläutertes Seelenwesen auch mitnimmt, führt zu sozialen Problemen, die eine ausführliche Strukturierung notwendig machen.

Für den Gesellschaftsorganismus entdeckte Steiner als Strukturprinzip für unsere Zeit die soziale Dreigliederung. In drei vollständig autonomen Gebieten wirke jeder Mensch mit am Geistes-, Rechts- und Wirtschaftsleben. Nur die Auseinandergliederung ist vorgegeben, *die Struktur also*, der Inhalt wird von den in dem Organismus lebenden Menschen bestimmt. - Eine solche absolute Dreigliederung ist im institutionellen Leben nicht möglich, und zwar genau jenes Zieles wegen. Der Gesellschaftsorganismus hat, steht er auf der Höhe seiner Zeit, kein Ziel. Jedes Ziel nämlich unterdrückt dessen Einwohner; sie werden Objekte der Zielstrebigkeit. Verfällt das Ziel, so können die drei Gebiete in absolutem Sinne autonom sein, das heißt, das Heil des Makro-Organismus ganz von dem freiwilligen Zusammenwirken der drei Gebiete abhängig sein. Umgekehrt bedeutet die Tatsache, daß Institutionen ein Ziel haben, daß Abstriche unserer Persönlichkeitsentwicklung notwendig werden; wir werden in unserer Freiheit eingeschränkt. Man kann es einen Sündenfall nennen. Weil wir keine Jäger und Sammler mehr sind, sind wir auf Zusammenarbeit angewiesen; sie ist unserem freien Ermessen entzogen. Wir müssen das Opfer der (vollständigen) Selbständigkeit bringen. Wie der biblische Sündenfall uns in die Individuation führte, so dieser Sündenfall zum Sozialwerden.(1)

Das soll uns aber keineswegs daran hindern, die Freiheitsbeschränkung auf das Unerläßliche zurückzubringen. Zwar muß sich das Leben (innerhalb der Schule!) im Rahmen des Zieles bewegen, zwar soll es sich aus Wirtschaftlichkeitsgründen dem Gesamtprozeß auf das Ziel hin einfügen, zwar wird von ihm verlangt, daß es sich Mehrheitsentschlüssen fügt, so daß also auf allen drei Gebieten Freiheitseinbußen zu verzeichnen sind, aber jedes Gebiet kann gleichzeitig jedem Mitarbeiter den Respekt vor seiner Persönlichkeit garantieren. Dazu werden drei Organe herausgebildet, worin gleichsam das, was die Mitarbeiter als ureigene Impulse in die Schule mitbringen, eine Schale findet, also strukturiert wird. Schauen wir uns diese drei Organe an.

Das Organ des Geisteslebens

Wir haben es hier zu tun mit dem Zentralorgan jeder Institution, die ihre eigentliche Aufgabe im Geisteslebens sieht. Alle Waldorfschulen haben es, meistens unter dem Namen *Pädagogische Konferenz*. Ich benutze diesen Namen lieber nicht. In diese Konferenz haben sich zu oft Elemente eingeschlichen, die nicht hineingehören, und die der Leser damit identifizieren könnte.

In diesem Organ hat nämlich *ausschließlich* Geistesleben stattzufinden. So sehr dieses auch die ganze Schule - mit Ausnahme der ausdrücklich für andere Tätigkeiten reservierten Organe - durchzieht, hier ist darauf zu achten, daß es wirklich in Reinkultur auftritt, das heißt ganz auf Freiheit gegründet ist. Jedes Mitglied des Organes soll die Möglichkeit haben, *jede* Auffassung, die dem Geistesleben zuzurechnen ist, zu äußern, auch wenn sie kontrovers ist. Hier braucht man sich nicht einmal innerhalb des satzungsmäßigen Zieles zu bewegen. Dieses beherrscht nur die Taten, nicht die Ideen. Herr Wunderlich darf ruhig vorschlagen, dem nervösen und lästigen Benehmen der Schüler mit einer täglichen Pille Valium zu begegnen. Er wird damit ein Gewitter heraufbeschwören. Schaden tut es nicht. Nicht Herr Wunderlich übertritt die Regeln, sondern Herr

Weise, der vorschlägt, auf diesen "Quatsch" nicht weiter einzugehen, da Medikationszwang sowieso verboten sei. Herr Weise wird mit einem Argument des Geisteslebens, nicht des Rechtslebens kommen müssen.

Die hier gemeinte Freiheit hat einen Preis: Eine Äußerung in diesem Organ darf weder an sich noch im Zusammenschluß mit gleichlautenden Äußerungen andere Mitarbeiter binden. Ja, sie bindet nicht einmal denjenigen, der sie macht. Man darf von seiner Erkenntnis zeugen, man darf sogar probieren, andere zu überzeugen; man darf niemanden binden. Gesellschaftlich hat, wie sich das für das Geistesleben geziemt, das Votum den Charakter eines Rates. Was der einzelne damit tun will, ist seine Sache. Hier wird also nicht abgestimmt, noch unter dem Mantel der Einmütigkeit ein Beschluß gefaßt.

Nehmen wir den praktischen Fall, daß eine Kinderbesprechung zu der einmütigen Auffassung kommt, daß es für Uwes Entwicklung falsch wäre, seine Frechheiten zu überhören. Trotzdem bleibt es Uwes Lehrer unbenommen, in der konkreten pädagogischen Situation dessen deutlich für ihn bestimmtes "Esel" nicht wahrzunehmen. Will man ihn etwa gegen seine pädagogische Überzeugung handeln lassen? Das geht auch dann nicht, wenn diese anders ist als bei Uwes Besprechung im Lehrerzimmer. Schon von daher - wir werden noch ganz andere Gründe kennenlernen - sollte nicht einmal der Gedanke aufkommen, "man" sollte dem Kollegen mal das ein und andere "nahelegen".

Wir nahmen ein Beispiel aus der Zentralpädagogik, das wir ganz zum Geistesleben rechnen können. Es gibt aber viele im Schulleben auftretende Probleme, wovon das Geistige nur ein Teilaspekt ist. Da sollen die Klassenzimmer neu getüncht werden, eine Frage des Wirtschaftslebens (= Bedürfnis) und des Rechtslebens (= Bereitstellung der Finanzen). Aber weil die Farbtöne in Waldorfschulen pädagogische Bedeutung haben, wird sich vielleicht auch das Organ des Geisteslebens dazu äußern wollen. "Das Gelb war das letzte Mal zu zitronig ausgefallen, vielleicht könnte darauf geachtet werden, daß es nun wärmer wird." - Frau Seltsam hat aus guten Gründen einen Monat Urlaub erbeten. Das ist eine Rechtsfrage, denn sie will von ihren Verpflichtungen befreit werden. Doch die Situation in ihrer

Klasse, zum Beispiel gewisse Spannungen, läßt dies bedenklich erscheinen.

Das Organ des Geisteslebens darf also Anspruch darauf erheben, daß die geistige Seite jedes Problems seiner Beurteilung unterworfen werde. In der Praxis kann man sich das so vorstellen, daß alle Beschluß-Entwürfe zur Einsichtnahme vorliegen. *Jeder* hat dann das Recht, Besprechung im Organ zu fordern. Andrerseits aber ist *jedem* streng verboten, die rechtlichen und wirtschaftlichen Aspekte in seine Betrachtungen einzubeziehen. Wer es auch sei, wenn er diese Schranken nicht achtet, soll ihm unerbittlich das Wort genommen werden.

Jeden der drei Aspekte in seinem vollen Umfang für sich selbst zu betrachten, ist primär eine Frage sozialer Hygiene. Darüber hinaus aber ist es eine praktische Hilfe gegen das endlose und darum ermüdende vielgleisige Gerede. Also, wenn der Plan einer Aula im Organ des Geisteslebens zur Debatte steht, muß Herrn Säuerlich ein unter die Haut gehender Hammerschlag unterbrechen, wenn er dazwischenwirft: "Das können wir doch nicht bezahlen!". Auch wenn sich die Kollegen in unerschwinglichen Wünschen ergangen haben. Herr Säuerlich soll sich seine Bedenken für das Wirtschaftsorgan aufheben. - Überlegt man sich, ob man das Abitur abschaffen will, so wird gewiß Herr Kluge die Erkenntnis loswerden wollen, daß das eine Waldorfschule nicht darf. Wieder wird der Hammer fallen: Er soll sich an die Regeln dieses Organs halten, über die Regeln der Obrigkeit kann er sich im Rechtsorgan ergehen. - Im Geistesleben stehende Institutionen wie die Schulen sind geradezu darauf angewiesen, daß das vom geistigen Impuls her Wünschenswerte in aller Deutlichkeit erörtert werden kann. Es dann in die Wirklichkeit hineinzutragen, wird man oft Hilfe aus den beiden anderen Gebieten benötigen oder sogar externe Experten hinzuziehen müssen.

Hier treten unvermeidlich Schwierigkeiten auf. Erst nach und nach lernen die Teilnehmer die drei verschiedenen Qualitäten zu unterscheiden. Ich habe des öfteren seminaristisch oder als Ausbildung Sozio-Drama spielen lassen, in dem es darum geht, einen Problemfall im Institutionsleben von seiner strukturellen Seite her zu spielen. Mir ist dabei aufgefallen, daß sogar Teilnehmer, die die Dreigliederung theoretisch weitgehend aufgenommen hatten, in Schwierigkeiten kamen, sowie sie vor einem praktischen Fall standen. Darum braucht man, bis man seine Unsicherheit verliert (und auch, damit sich keine verkehrten Auffassungen einschleichen), Hilfe. Gibt es niemand unter den Mitarbeitern, der die Dreigliederung in den Fingerspitzen hat, dann braucht man einen Beckmesser: einen Außenstehenden, der sein Hämmerchen fallen läßt, sowie jemand die Grenzen des Organes überschreitet. Jemand von außen hat für den Beginn noch einen anderen Vorteil. Ihm wird es leichter fallen, Größen zu unterbrechen. Später gewöhnen die - und die Kollegen! - sich daran.

Es versteht sich, daß so eine Hilfskraft nicht selber am Gespräch teilnimmt. Sie bewacht die Formen. Später wird die Aufgabe vom Gesprächsleiter oder von einem der Teilnehmer übernommen. Er hat auch zu wachen, daß keine die Freiheit beeinträchtigenden Worte fallen. "Wenn das geschieht, verlasse ich die Schule" ist als Erpressung unzulässig, wenigstens im Organ des Geisteslebens. Es hindert die Freiheit des Meinungsaustausches.

Wer gehört von Rechts wegen zum Organ des Geisteslebens? Das ist einfach zu bestimmen: jeder Mitarbeiter, der seine Aufgabe als eine pädagogische auffaßt. (Also nicht: wie sie von anderen aufgefaßt wird!) Da hier keine Beschlüsse gefaßt werden, schadet es nicht, wenn jemand dabeisitzt, an dessen Berechtigung man zweifeln könnte. Man kann an einen Lehrer denken, den man nur angestellt hat, um die Examensklasse in einem bestimmten Fach zu drillen. So ein Mensch wird wohl kaum Interesse daran haben, den Konferenzen beizuwohnen. Aber vielleicht möchte er seine didaktische Aufgabe mit einem pädagogischen Element bereichern? - Andrerseits: warum sollte man die Teilnehmer auf Lehrer beschränken? Sind das wirklich die einzigen Pädagogen, die in der Schule arbeiten? Man hat vielleicht bemerkt, daß ich nicht von Lehrern, sondern von Mitarbeitern sprach. Eben deswegen. In der Schule meiner Kinder gab es einen Hausmeister, dessen pädagogische Qualitäten die der meisten Lehrer überragte. Kamen sie mit einem Schüler nicht zu Rande, wurde er zu diesem Mann geschickt. Er meisterte die berüchtigsten Schülerpersönlichkeiten mühelos. Welch eine Bereicherung, hätte er bei den Schülerbesprechungen mitgesprochen! Aus welcher Arroganz nahm man sich diese Chance?

Außer denjenigen, die unmittelbar mit den Kindern zu tun haben, kann man aber auch Persönlichkeiten zu bestimmten Sitzungen einladen. Das ist vor allem dann wichtig, wenn gewisse Themen in der Schule schwach vertreten sind. Irgendwo gibt es einen Spezialisten zum Thema Pubertät, dort einen mit Bezug auf das Strafen usw. Eigentlich tut man damit nur, was dem Arbeitsstil eines wirklich freien Geisteslebens inhärent ist. Wo es um die Suche nach Wahrheit geht, wo man ja die wirtschaftlichen Interessen ausgeklammert hat, kann zwar ein Streit der Weltanschauungen entbrennen. Es dürfte sich aber auch an dem zusammen an *einer* Erziehungsaufgabe Arbeiten die Neigung entwickeln, auf den Fähigsten hinzuschauen. Man kann das Hierarchie von unten nennen. Auch Aristokratie, wenn man die Souveränität ins Auge faßt, womit dieser oder jener einen Aufgabenbereich beherrscht. Man kann es auch Anarchie nennen, weil niemand gezwungen wird, etwas von einem andern aufzunehmen. Wie dem auch sei: Ein Gast fügt da kein neues Element hinzu. Geistesleben ist seinem Wesen nach beratend.

Wer aber bestimmt nicht in das Organ des Geisteslebens hineingehört, das sind die Eltern und die Schüler. Die Eltern nicht, weil sie souverän sind auf ihrem eigenen Erziehungsgebiet (siehe Kapitel 5 - Waldorfschule und Waldorfschuleltern), das sich keineswegs an dem der Lehrer zu orientieren braucht; die Schüler nicht, weil sie das Objekt der pädagogischen Anstrengungen sind.

Es wurde radikal gesagt, daß unsere Konferenz keinen einzigen Beschluß faßt. Ich muß jetzt die Ausnahme nennen, die die Regel bestätigt. Die Konferenz wählt sich ihren Vorsitzenden. Sie wäre nicht autonom, bekäme sie ihn von anderswoher vorgeschrieben. - Darf das Organ des Geisteslebens dann keine Ausschüsse zusammenstellen, die gewisse Themen bearbeiten? Das hängt davon ab. Wenn es um die freie Zusammenarbeit einzelner Mitarbeiter geht, braucht nichts beschlossen zu werden. Die Tatsache, daß so eine Studiengruppe besteht, kann dann Anlaß sein, ihr das Thema stillschweigend zu überlassen. Will aber die Konferenz, vielleicht sogar auf Termin, ein gewisses Problem untersucht haben, dann benötigt sie eine Gruppe, die ihr gegenüber diese Verantwortung auf sich nimmt. Da die Konferenz aber niemanden zur Verantwortung ziehen darf, wird sie auch das Belasten mit der Verantwortung dem Rechtsorgan überlassen müssen. Selbstverständlich ist sie befugt, dem Rechtsorgan einen Vorschlag zu machen, welche Persönlichkeiten man gerne in so einem Ausschuß sähe. Und ebenso selbstverständlich wird, wenn nicht ganz außerordentliche Umstände vorliegen, das Rechtsorgan diesen Vorschlag übernehmen. Das scheint eine formelle Überflüssigkeit. Sie ist es nicht. Wir werden diesem Prinzip wiederbegegnen.

Das Wirtschaftsorgan

Wir machen jetzt einen Sprung und betrachten das polare Organ. Wie das des Geisteslebens der optimalen Entfaltung des Mitarbeiters Raum gibt, so hat das Wirtschaftsorgan, als Exponent des Wirtschaftslebens der Schule, eine ausschließlich dienende Funktion.

An erster Stelle sei hier mit der Auffassung Schluß gemacht, daß dort natürlich das Finanzgebaren zustandekommt. Gewiß, Geld begleitet die Waren- und Dienstleistungsbewegungen; auch in einer Schule. Es begleitet aber gleicherweise *alles* gesellschaftliche Geschehen, das Popkonzert genauso wie den Zweigabend. Und der Rechtsverkehr der Bürger löst sich schlußendlich in Schadenersatz auf, denn auch der Richter kann heute nicht mehr physisch zwingen. Geld ist der Schatten, in dem unser Tun und Lassen materiell greifbar wird. - Es gibt natürlich viele kritische Punkte im Geldstrom. Für die Schule sind weitaus die wichtigsten die Festlegung der Elternbeiträge und die Entscheidung, wie das Geld verwendet wird. Beides sind Rechtsangelegenheiten. Dem Wirtschaftsorgan fallen primär andere Aufgaben zu.

Wirtschaften ist: Bedürfnisse befriedigen. Es ist nicht der Konsum als solcher, sondern der Weg, bis das Erwünschte in den Händen des Bedürftigen ist. Dazu ist nötig, die Bedürfnisse zu kennen *und* das Ziel - das Produkt in Händen des Konsumenten - auf so wirtschaftlich wie nur mögliche Weise, das heißt effizient zu erreichen. Beide Aufgabenbereiche hat das Wirtschaftsorgan zu erfüllen. Sie sind grundverschieden.

Betrachten wir zuerst letzteren. Will man das Ziel so effizient wie möglich erreichen, dann muß man es kennen. Insoweit kann das Organ überhaupt nur arbeiten, wenn das Ziel vorgegeben ist, wenigstens hypothetisch. Die Haltung "Wir haben so viel Geld, was machen wir damit?" ist für das Wirtschaftsorgan genauso abwegig wie "Wir haben kein Geld, also können wir nichts machen". Man kann sich die Frage stellen, wie der Einkommensstrom erhöht oder der Ausgabenstrom eingedämmt werden kann. Zu entscheiden hat man darüber nicht. Haben wir das gut im Bewußtsein, dann dürfen wir jetzt Herrn Säuerlich zu Wort kommen lassen. Er kann berechnen (lassen), was die gewünschte Aula kostet, was man einspart, wenn man nicht abeckt, was die zusätzlichen Kosten bei Mothes-Farbtechnik sind usw. Je mehr vorgegeben ist, desto leichter läßt sich rechnen, aber um so weniger Spielraum ist da für Alternativvorschläge. Aber auch: je weniger die Kalkulierenden Weltanschauliches im Kopf haben, um so besser verrichten sie ihre Aufgabe. - Da rechnen sie vor, daß bei Einkauf von einem uniformen Epochenheft Prozente zu verdienen sind. Sie dürfen sich nicht einmal wundern, daß etliche Lehrer entsetzt sind über diese Beeinträchtigung ihrer Lehrfreiheit. Sie beschäftigt die verzwickte Aufgabe, abzuschätzen, wieviel Schüler (und Elternbeiträge) die Abschaffung des Abiturs kosten würde; sie können dabei die Variante einführen, daß dann die gesamte Förderung wegfällt (ohne diese Frage, eine Rechtsfrage, selber zu untersuchen), und sie dürfen sich in ihren Erwägungen nicht beeinflussen lassen durch das Vorurteil, daß die Eltern das Abitur fordern. - Hier liegt nun wirklich einmal ein Gebiet, in dem man sich wertfrei betätigen darf, und zwar, weil mit den Berechnungen ja nur Information verschafft wird. Dies gilt gleicherweise für Vorschläge, die interne Organisation zu straffen. Ein Entschluß fällt hier genauso wenig wie im Organ des Geisteslebens. Von der Art der Arbeit her ist aber deutlich, daß dafür viel Erfahrung nötig ist, die von vielen zusammengetragen werden sollte *und* daß sich die Arbeit in viele Spezialgebiete auseinandergliedern wird, in Ausschüsse, die sich am besten aus freiem Impuls und ohne offizielle Einsetzung bilden. Der Appell lautet: Wo kann ich mit meinem Können, meiner Erfahrung helfen?

Ein viel heikleres Gebiet betreten wir mit der anderen Aufgabe des Wirtschaftsorgans. - Wenn man zur Befriedigung von Bedürfnissen arbeiten will, muß man diese kennen. Dem stellt sich nun die Überheblichkeit des Geisteslebens entgegnen: Dort weiß man, was die Leute nötig haben. Und sollte die Praxis das Gegenteil beweisen, um so schlimmer für die Praxis: "Die wissen ja selbst nicht, was sie eigentlich wollen" ("das weiß ich aber!"). Sollte das Murren der Eltern aber gar in einem Lehrer einen Anwalt gefunden haben, dann platzt die Geistesgröße gewiß heraus: "Wenn's den Eltern nicht paßt, sollen sie sich eine andere Schule suchen!"; womit das Richtige verkehrt gesagt wurde.

Es wäre bestimmt falsch, eine Schule nur als einen Betrieb zu sehen, in dem die Produzenten (Lehrer) ihre Waren (Pädagogik) den Schülern (Eltern) verkaufen. Trotzdem ist es ein Aspekt, *auch* der Waldorfschulen. In der Wirtschaft aber ist die Frage, ob ein Produkt gut für den Käufer sei, nicht berechtigt. Die Frage kann nur sein: Ist ein Bedürfnis da? Was mich übrigens keineswegs zwingt, für jedes Bedürfnis zu produzieren. - Schauen wir uns einmal ein Beispiel an.

Da steht eine Mutter auf und fragt, ob die Eurythmiestunden nicht abgeschafft und statt dessen Ballettstunden gegeben werden können. Was geschieht denn, wenn selbige Geistesgröße im Brustton der Empörung zu der Dame sagt, ob sie überhaupt weiß, daß sie ihr Kind auf eine Waldorfschule gebracht hat? Oder wenn sein Kollege sich darüber ergeht, welche physischen und seelischen Schäden Ballett hervorruft? Und ein dritter Lehrer lyrisch über Eurythmie zu schwärmen anfängt? Die Mutter wird vielleicht vor so massiver Gewalt einen Rückzieher machen - aber doch nur, um außerhalb des Saales andere Mütter um sich zu versammeln zu einem Schimpfklub auf die arroganten/weltfremden/sektiererischen Lehrer. Und wieviel Eltern werden sich als Folge dieses Debakels mit ihren Wünschen *nicht* zu Wort melden, aus Angst, daß sie etwas ganz Falsches sagen? Unsere drei Lehrer können besser einen Vortrag veranstalten über Anthroposophie und Ballett, dann bleiben sie im Geistesleben. Wer mag, kann hingehen.

Hier, im Wirtschaftsleben, ist davon auszugehen, daß *jedes* Bedürfnis legitim ist, und deshalb auch dessen Befriedigung. Auf die angemeldeten Wünsche gibt es kein "Nein". Man kann unserer Mutter in aller Ehrlichkeit recht geben; nämlich, daß sie ihr Bedürfnis auch befriedigt sehen will. Stellt man das in den Vordergrund, fühlt man sich als Konsument nicht mehr in die Ecke gedrückt oder gar lächerlich gemacht. Dann akzeptiert man auch, daß von der Schule aus hinzugefügt wird: "Nur, leider , bei uns wird dieses Produkt - die Ballettstunden also - nicht verkauft. Wir haben keine Lehrkräfte dafür und können auch keine berufen, weil das nicht in unser pädagogisches Gesamtkonzept passen würde. Wir haben uns eben ein bestimmtes Ziel gesetzt, wie andere Schulen ein anderes. Wie es ja auch Läden gibt mit verschiedenartigem Kleidungsstil, so daß jeder, seinem bevorzugten Stil folgend, 'seinen' Laden findet. Vielleicht dürfen wir Ihnen behilflich sein, für Ihre Tochter eine Schule zu finden, wo man Ballett gibt? Oder, im schlimmsten Fall: Errichten Sie doch zusammen mit jenen, die das gleiche Bedürfnis haben, eine eigene Schule!"

Es wäre vernünftig, gerade im Verhältnis zu den Eltern nicht die prinzipielle Seite herauszukehren, die es ja zweifelsohne auch gibt. Sich auf dieser Ebene zu finden, erfordert einen Prozeß von Jahren. Das Problem steht aber heute vor uns und muß heute gelöst werden. Und heute ist es nur zu lösen, wenn man es als Wirtschaftsproblem betrachtet. Das ist für beinahe alle Eltern auch der reale Eingang: Wer befriedigt unsere pädagogischen Wünsche für unsere Kinder? Und wie im Leben auch, wird man da Kompromisse schließen müssen. Wenn mein Gemüsehändler nur gespritzte Äpfel hat, dann hat es auch keinen Sinn, ihm böse zu werden. Dann muß *ich* wählen: Mache ich eine Reise von einer halben Stunde in den Reformladen, oder schlucke ich Gift?

Das hier Gesagte ist nun nicht so gemeint, daß man, indem man die Probleme auf das Wirtschaftsleben abschiebt, eine Methode gefunden hat, um die Eltern mit leeren Worten abzuspeisen. Im Gegenteil. Man sollte wirklich bei jedem angemeldeten Bedürfnis ernsthaft erwägen, ob und wie man ihm entgegenkommen könnte. Das sollte man schon aus Menschlichkeit tun, wird aber in unserer Zeit, worin das Gründen einer eigenen Schule, die nicht einer windgeschützten Ecke angehört, eine Beinahe-Unmöglichkeit ist, fast obligatorisch. Ein Wirtschaftsorgan ist kein Einwickelapparat, sondern hat die konkrete Funktion, der Selbstzufriedenheit über einen wohleingerasteten Betrieb als Gegengewicht zu dienen. Das nur zu oft verfahrene (und mit einem Elternrat nicht zu verblümende) Verhältnis zu den Eltern beruht meistens auf Angst, manchmal auf Unwillen, mit diesen Menschen das Gespräch zu suchen. Das kann sich dann zu jener Aussage versteigen, die aus unserer pädagogischen Prominenz kommt, daß die Schule nur mit den Schülern und nichts mit den Eltern zu tun habe. Es ist überraschend, wie schnell Elternwünschen "unrealisierbar" angeheftet wird, während man sich Wünschen des Staates ohne weiteres anpaßt. Die Waldorfschulen haben sich z.B. in den Niederlanden mit Händen und Füßen gegen jede Mitsprache der Eltern gewehrt, jahrzehntelang. Als der Staat Elternbeiräte forderte, haben sich bis auf zwei alle Waldorfschulen angepaßt: "Man kann damit leben".

So wie die Eltern und andere Teilnehmer im Wirtschaftsorgan den offenen Platz finden, um ihre Wünsche und Bedürfnisse anzumelden, so sei es auch der Ort, wo die Lehrer mit ihren Sorgen an die Öffentlichkeit treten: fehlende Fachlehrer, sinkende Beiträge, Kürzung der Förderung, aber auch Kontroversen innerhalb der Lehrerschaft, Unannehmlichkeiten mit Behörden, Zwist mit dem Bund und was man sonst noch alles gerne unter den Teppich kehrt. Haben wir nicht alle mehr Verständnis und Hilfsbereitschaft, wenn wir die Schwierigkeiten eines Menschen kennen, als wenn alles glatt und harmonisch vorgestellt wird, während Gerüch(t)e lausiger Sachen bereits umhergeistern? Niemand glaubt doch, daß in einer Schule etwas verborgen bleiben kann?

Zum Schluß noch die Frage, wer nun in so einem Wirtschaftsorgan sitzt. - Soweit es um die Wirtschaftlichkeit geht, dürften die Mitwirker wohl primär Mitarbeiter sein. Das Hinzuziehen eines Außenstehenden sollte auf einem Beschluß des Rechtsorgans fußen. Außer dem für das Organ des Geisteslebens Gesagtem und auch hier Gültigem, muß auch bedacht werden, daß konkrete Vorschläge oft tief in intime Tatsachen des Schullebens blicken lassen.(2)

Ganz anders ist es da, wo das Wirtschaftsorgan zum Ohr der Schule wird, das vernehmen will, welche Bedürfnisse leben. Da gilt für alle und jeden: Willkommen ist, wer an diesem Ort eine Waldorfschule für wünschenswert hält. Das sind wohl *alle* Lehrer, wahrscheinlich die meisten der übrigen Mitarbeiter, das sind die Eltern, aber auch Schuleltern-in-spe. Das sind aber auch sonstige Persönlichkeiten, die aus welchen Gründen auch immer dem Waldorfschulwesen zugetan sind: Ärzte, Pfarrer, Bauern, Politiker, Unternehmer usw. Und sollte sich einmal einer nicht nur als lästig, sondern als Stänkerer erweisen, kann man ihm als letztes Mittel vom Rechtsorgan Hausverbot erteilen lassen. Schließlich gehören auch die... Schüler dazu, sagen wir ab der zehnten Klasse, in der die Flegel ja plötzlich Damen und Herren werden. Wo man damit Erfahrungen gesammelt hat, war man überrascht über die wohlerwogene, nüchterne und sachverständige Art ihrer Beiträge.

Bleibt noch ein peinliches Kapitel: der Elternbeirat. Meine Erfahrung mit ihm ist nur negativ, vor allem, wenn er auf irgendeine Art von der Elternschaft gewählt oder ums Eck 'rum zu deren Vertreter erhoben wurde. Es ist schmerzlich, das sagen zu müssen, wurde doch so viel guter Wille in ihn investiert. Im Wirtschaftsorgan geht es um die konkreten Fragen, weder um Ideologie noch um Parteibildung. Eine gewählte Elternvertretung aber wird immer die Neigung haben, statt aus der Sache heraus zu urteilen, ihren (potentiellen) Wählern nach dem Mund zu reden. Kann man das Gesetz, das Elternvertretung vorschreibt, nicht umgehen, dann sollte man dieser gerade dadurch entgegentreten, daß man die Türe für alle öffnet, wie wir es ja für das Wirtschaftsorgan als richtig erkannt haben, und damit die *Funktion* abwertet. Abgestimmt wird in einem Wirtschaftsorgan ja doch nicht. Da wird überlegt.

Ich bin auf das Wirtschaftsorgan ausführlich eingegangen, weil es für die meisten Schulen Neuland ist. Wenn sogleich über das Rechtsorgan gesprochen und dann für ein strikt demokratisches Verhalten plädiert werden wird, dann hat das zur Voraussetzung, daß aus den anderen Organen alles Rechtliche vollständig herausgehalten wird. Hier ist große Vorsicht geboten, daß man sich nicht vom Staat dessen, auch noch dazu degeneriertes Rechtssystem aufdrängen läßt. Gerade im Wirtschaftsorgan wirkt sich das katastrophal aus.

Es sei noch darauf hingewiesen, daß das Wirtschaftsorgan seiner Funktion nach den Waldorfschulen keineswegs fremd ist. Von Anfang an wurde ähnliches in der Form der Elternabende eingebaut. Diese sind nicht dazu da, die pädagogischen Probleme der Eltern und ihrer Kinder zu besprechen (das gehört in die Hausbesuche, die auf Mikro-Gebiet das Geistesleben im Verkehr mit den Eltern darstellen), und schon gar nicht für die Elternerziehung, wozu sie oft mißbraucht werden. Hier sollen - im Gegensatz zum Wirtschaftsorgan: beschränkt auf die Klasse - Eltern ihre Fragen und Bedürfnisse, Lehrer ihre Besorgnisse aussprechen.

Das Rechtsorgan

Ein Mensch allein kann seine Tätigkeiten nicht dreigliedern. Er hat nämlich keine Rechtssphäre. Er kann sich zwar etwas vornehmen, er kann einen Entschluß fassen, aber keinen Beschluß. Für das Recht sind mindestens zwei Personen nötig. Umgekehrt ist es so, daß wo zwei oder mehr Personen zusammenwirken wollen, eine Rechtssituation gegeben ist.

In einer Waldorfschule ist das evident. Viele Menschen wirken zusammen auf das Ziel hin. Es bestehen aber auch externe Rechtsbeziehungen: zu den Eltern, zu den Behörden, zu den Lieferanten etc. Überall, wo die Frage nach dem Ich und Du gestellt wird, ist Recht. Fragen wir aber nach Recht, dann fragen wir, was mir im Verhältnis zum andern gebührt. Die Grundlage des Rechts ist, daß die Würde des Menschen unantastbar ist. Die geschriebenen und ungeschriebenen Regeln sind davon hergeleitet; nicht immer, sogar selten richtig. Menschenrecht, lex humana, ist für Fehler anfällig. Es sollte darum in steter Bewegung sein: Wie können wir der Würde des Menschen noch besser gerecht werden?

Man kann also jederzeit eine Regel durch eine neue ersetzen oder abschaffen. Das gilt aber nur ab eines zu bestimmenden, *in der Zukunft gelegenen Zeitpunktes.* Solange bleibt die alte Regel gelten, auch wenn alle sie absurd finden. "Not kennt kein Gebot" ist meist ein Euphemismus für die eigenen Prioritäten. Das gilt für das, was man miteinander beschlossen hat. Es gilt nicht a) für das, worin eine Schule als die eine Partei mit einer anderen Partei übereingekommen ist. Im Gegensatz zu dem, was oft gedacht wird, kann auch ein einmütiges Rechtsorgan den Vertrag mit einem Lehrer, mit Eltern, mit Außenstehenden nicht einseitig ändern. - Ich habe es miterlebt, daß Eltern einer Waldorfschule der freie Samstag einfach angekündigt wurde. Als dagegen Protest kam, geschah es plötzlich aus... pädagogischen (!) Gründen: Da wäre die Konferenz autonom. Hier lebte sich Selbstgerechtigkeit und fehlendes Rechtsgefühl aus. -

Die Regel gilt aber b) auch nicht für das, was man nicht selber (mit)beschlossen hat. Die Frage also, ob man Gesetzen - die andere über einen verhängt haben - gehorchen will, ist eine reine Opportunitätsfrage, die nichts mit Moralität zu tun hat, wie sehr uns auch der Staat vom Gegenteil überzeugen will. Noch immer gilt zum Beispiel in der katholischen Staatslehre der Satz, daß man ungerechten Gesetzen nicht zu gehorchen braucht. Ich habe Verständnis dafür, wenn man sich der Macht, die ungerechte Schulgesetze erzwingt, beugt. Ich habe genauso Verständnis für Schulen, die Wege suchen, um ungerechte Gesetze zu umgehen. Und ich habe tiefen Respekt vor Gesinnungstätern, die der Vorschrift trotzen und die Folgen auf sich nehmen. Wer Geschichte (ehrlich) studiert, entdeckt, daß wir *allen* Fortschritt Gesinnungstätern zu verdanken haben.

In einer dreigegliederten Schule werden die Beschlüsse in dem Rechtsorgan gefaßt. Damit stellt sich vorrangig die Frage, wer diesem angehört. Die Antworten darauf sind meist recht interessant. Wer zu seinem Beschluß steht? Nun, das ist erfreulich. Aber sollten wir nicht davon ausgehen, daß jeder das tut? Und sogar gegenüber jemandem, der immer wieder sündigt, hat die Schule kaum andere Mittel zur Verfügung als den Ausschluß.

Wer die Schule innerlich mit-trägt? Das wäre ein der Menschenwürde nicht entsprechendes Kriterium. Die Erfüllung einer solchen Bedingung könnte ja nur durch Erforschung des Seelenlebens des andern konstatiert werden. Pfui. Begibt man sich auf diesen Weg, wird man bald merken, daß nur bei den Geistesgrößen alles stimmt, womit die Theokratie wiederhergestellt wäre. - Nicht weniger gefährlich wäre es, die Beschlußkraft für diejenigen zu reservieren, die sich zu einem esoterischen Kreis verbunden haben. Das liegt oft der Mitgliedschaft der internen Konferenz (oder wie man das Organ auch nennen mag) zugrunde. Da gäbe es also Leute, die sich das Recht herausnehmen, zu bestimmen, ob ein Mitarbeiter beschlußfähig ist und die sich moralisch höher einstufen als andere Kollegen. Wir begegnen hier einem Teil jener Tendenz, die Mitarbeiter wie auch Eltern (und manchmal sogar Schüler) in zwei Klassen verteilt (vgl. Kapitel 8): in diejenigen, die Verantwortung tragen können und in diejenigen, die dazu eben nicht imstande sind. Sahen wir soeben einen Nachklang der Theokratie, hier mehr einen des Standesstaates. Dies alles gehört in das Bewußtseinsseelenzeitalter nicht mehr hinein.

Wir werden die Frage, wer in ein Rechtsorgan gehört, aus dem Rechtsleben selber heraus beantworten müssen. Wir landen dann zwar auch beim Tragen von Verantwortung, aber mit einem anderen Inhalt: Entscheiden sollte nur derjenige, der die Folgen seiner Beschlüsse selber trägt. Gerade weil das eine Rechtsregel ist, daß man für die Folgen seiner Taten einzustehen hat, sucht das Wirtschaftsleben jede Möglichkeit, sich von dieser Konsequenz zu befreien, zum Beispiel, indem man seinen Betrieb in der Rechtsform GmbH oder AG führt. Die Gewinne gehören dem Inhaber der Geschäftsteile oder Aktien. Gibt's schlußendlich Verluste, schiebt man sie auf die Gesellschaft ab, denn irgendwer muß ja tragen, was die Rechtsperson nicht mehr bezahlen kann - oder nicht? Diesen antisozialen Zug sollte eine dreigegliederte Schule nicht übernehmen. Das bedeutet hier dreierlei:

1. Die Mitarbeiter sollten ihre Arbeit als freie Unternehmer betreiben, zum Beispiel als Gesellschafter einer Gesellschaft bürgerlichen Rechts. - Es mag Ausnahmen geben, aber die Gewissenhaftigkeit der Sozietät gegenüber stellt sich in genügendem

Maß erst ein, wenn man die Folgen seiner Taten eventuell bis in den persönlichen Bankrott hinein zu tragen hat. - Ich möchte hier daran vorbeigehen, daß die gesetzlichen Bestimmungen die Schule oft geradezu zwingen, Mitarbeitern den Angestelltenstatus aufzuerlegen. Ich möchte nur bemerken, daß man sich auch dazu etwas einfallen lassen kann, zum Beispiel persönliche Bürgschaften.

2. Gesellschafter empfangen kein Gehalt, sondern einen Anteil an demjenigen, was im Laufe des Schuljahres erwirtschaftet ist. Das bedeutet nicht nur die Grundlage für die Trennung von Arbeit und Einkommen (dazu später), sondern, zu unserem Problem, daß man sein Leben wirklich vom Wohl und Wehe seiner Schule abhängig macht, also sich existentiell damit verbindet.

3. Insoweit es in einer Schule Mitarbeiter gibt, die nicht existentiell mit ihr verbunden sind, weil der Mitarbeiter Sicherheit und darum ein festes Gehalt haben will, weil jemand nur vorübergehend oder in geringem Maße in der Schule arbeitet, sind sie kein Mitglied des Rechtsorgans, haben also kein Stimmrecht. Das gilt genauso für die hohen Würdenträger! - Ich möchte ausdrücklich bemerken, daß es viele praktische Möglichkeiten gibt, je nach den konkreten Verhältnissen. So kann hier auch die Lösung für das Problem gefunden werden, daß man ungern jedem jungen Dachs gleich Beschlußrecht einräumt. Ob und wann man einen Neuling als Gesellschafter aufnimmt, hängt ja von zwei Seiten ab, und eine Probezeit kann eine sinnige Einrichtung sein. Solange empfängt man dann ein Festeinkommen. Gegen oligarchischen Mißbrauch schützt die Regel, daß man innerhalb einer bestimmten Zeit, zum Beispiel zwei Jahre, den um Aufnahme Bittenden entweder zulassen muß oder verabschieden.

Die Exklusivität des Rechtsorgans stellt uns vor zusätzliche Probleme. Es kann ja jetzt vorkommen, daß ein Beschluß gefaßt werden muß über Interessen eines Mitarbeiters, der dem Organ nicht zugehört. Obwohl das heutzutage mehr Regel als Ausnahme ist, sollte man sich bewußt sein, daß man damit gegen ein anderes Rechtsprinzip verstößt: Jedem erwachsenen Menschen steht das Recht zu auf Mitsprache und Einspruch in allem, was seine Rechtsposition angeht. Man wird darum gut daran tun, in so einem Falle den Mitarbeiter als Gast einzuladen und ihm dabei jede Gelegenheit zu bieten, seine Interessen zu verteidigen. Vom Stimmrecht allerdings bleibe er ausgeschlossen. Es gibt, wie wir noch sehen werden, dafür einen Ersatz.

Wenden wir uns jetzt demjenigen zu, was in dem Rechtsorgan geschieht. Es gibt da erstens zwar wenige, aber überaus wichtige *reine* Rechtsprobleme, die also ohne Mitwirkung der beiden anderen Organe erledigt werden können, zum Beispiel die Einkommenszuweisung. Sodann gibt es zweitens Probleme, wobei der Rechtsaspekt nur ein Teil ist, wie zum Beispiel die Annahme von neuen Mitarbeitern und Schülern. Drittens gibt es dann das Verleihen von Mandaten, das meistens zwischen den beiden anderen Aufgabenbereichen schwebt. Ohne die drei Aufgabenbereiche umfassend behandeln zu können, muß doch so viel von ihnen skizziert werden, daß die Unterschiede deutlich werden.

Wie gesagt soll die Einkommenszuteilung ein reines Rechtsproblem sein: Was finde ich, das dem andern im Verhältnis zu mir, zu meinen Kollegen, zu unseren Schülern zukommt? Ich muß hier ausdrücklich warnen vor dem Bedürfniseinkommen, worunter man im allgemeinen versteht, daß man einschätzt, wieviel man braucht und das dann verlangt. Wir wollen uns keiner Täuschung hingeben: Diese Selbsteinschätzung wird ein Kind der Selbstüberschätzung, die uns allen eignet. Können wir denn von den Mitarbeitern - allen! - erwarten, daß sie bereits die Not ihrer Kollegen empfinden wie die eigene? Weil das nicht der Fall ist, wird ein ganzes Arsenal an Druckmitteln angewendet, den jeweiligen Mitarbeiter dazu zu bringen, seine Bedürfnisse ja recht niedrig einzuschätzen. Das Bedürfniseinkommen entpuppt sich als mit Ideologie verbrämte Ausbeutung. Und um Aufbegehren zu vermeiden ("Warum bekommt er so viel mehr als ich?"), werden die unterschiedlichen Einkommen oft auch noch als Staatsgeheimnis behandelt.

Ich sage hier kein Wort gegen das sogenannte "aus einem

Topf leben", das heißt aus der Kasse nehmen, was man nötig hat, ohne seine Ausgaben vor irgend jemandem verantworten zu müssen. Man sollte aber wissen, daß man damit etwas vorzuleben probiert, das erst in der nächsten Kulturepoche an der Zeit ist. An einer Schule ginge das nur, wenn *keiner* der Mitarbeiter damit überfordert ist. Sonst entsteht wiederum die Tendenz zu zwei Sorten Mitarbeitern: denen, die der Bruderschaft angehören, und den Laien. - Überforderung führt immer zum Gegenteil des Erstrebten. In diesem Falle: Die neuen Schuhe von Frau Lieblich, der neue Wagen von Herrn Rasant werden sofort Eifersucht, Abwertung des an dem Materiellen versklavten Mitarbeiters und... Steigerung der eigenen Bedürfnisse zeitigen.

Zeitgemäß dürfen wir heute nennen, daß mein Einkommen aus dem Betrag besteht, den die anderen Mitarbeiter mir zur Verfügung gestellt haben. So können wir es auch in dem von Rudolf Steiner beschriebenen sozialen Hauptgesetz lesen. Konkret gesprochen: Was je 29 von den 30 Mitarbeitern dem 30. geben wollen. Daß dabei die Frage, was der 30. nötig hat (Bedürfnis) in seiner Lage (zum Beispiel zwei Familien zu ernähren oder gezwungenermaßen eine teure Wohnung), eine Rolle spielt, ist selbstverständlich, aber es drückt sich nicht in der Selbstgerechtigkeit, sondern im Verständnis der anderen aus. Auch anderes jedoch schlägt sich im Geld nieder: daß man an Frau Regsam niemals vergeblich appelliert, daß Herr Clever stinkfaul ist, daß Frau Weiniger für jeden Schmerz ein offenes Ohr hat. - Die wenigen Erfahrungen, von denen ich weiß, stimmen recht zuversichtlich. Die Herausforderung, ganz objektiv aus dem Du heraus zu urteilen, scheint eine gewisse Hellfühligkeit hervorzurufen. Und die Tatsache, daß man ja selber auch der 30. wird, mag eine etwas unterentwickelte Redlichkeit stützen. Sollte aber einmal ein testimonium abeundi zum Vorschein kommen, so ist das gewiß nicht immer negativ zu werten. Andrerseits war es beeindruckend, daß gerade sehr bescheidene, nie in den Vordergrund tretende Kollegen extra bedacht wurden: natürlich innerhalb des Erwirtschafteten.

Sollte der Kreis der Kollegen sich aber vertan haben, dann ist es gut, die Möglichkeit geschaffen zu haben, daß Revision erbeten werden kann. Vielleicht hat Frau Kümmerlich wirklich ganz für sich behalten, daß sie nicht nur alleinstehende Witwe ist, sondern auch noch ihre und ihres Gatten Eltern versorgt. Erzählt sie das dem Vertrauensmann - das soll lieber nicht der Schatzmeister sein, der ja "berufshalber" zur Pingeligkeit neigt -, dann kann dieser an das Rechtsorgan herantreten und, ohne das Geheimnis von Frau Kümmerlich der Öffentlichkeit preiszugeben, einfach mitteilen, daß er nach Erkenntnis der Lage von Frau Kümmerlich überzeugt ist, daß ihr Einkommen um soundsoviel Mark erhöht werden sollte. -

Die regelmäßige Arbeit des Rechtsorganes wird wohl daraus bestehen, daß dem, was aus den anderen Bereichen als Wunsch entsteht, die Erwägungen zu dem rechtlichen Aspekt noch hinzugefügt werden. Diese betreffen an erster Stelle das Ich-und-Du. Was aus pädagogischer Sicht wünschenswert ist, kann tief in das Leben des Kollegen eingreifen. Was wirtschaftlich das günstigste Resultat verspricht, kann menschlich viel kaputtmachen. Hier, und an keinem anderen Ort, sollen diese Fragen frei besprochen werden; aber sogar hier, ohne die Auffassung mit einer Bewertung des anderen Menschen zu verbinden (vgl. Anhang B). Man kann den Betroffenen Gelegenheit bieten, sich zu den Vorschlägen aus ihrer persönlichen Sicht her zu äußern, ohne sie dazu zu nötigen. Und man unterbinde rigoros jeden Versuch, den Vorschlag mit pädagogischen Notwendigkeiten oder wirtschaftlichen Zwängen durchzudrücken. Die kennen ja alle; sie waren in den beiden Organen dabei, als sie offen zur Debatte standen. Hier soll nur noch das Menschliche hinzugefügt werden.

Das ist die eigentliche Aufgabe, aber es kommt noch mehr hinzu. Untersucht muß werden, ob der Vorschlag gegen Regeln, die man sich gegeben hat, verstößt, ob er vielleicht der Satzung zuwiderläuft, ob er gar gegen ein Gesetz wäre. Das sind Fragen, die man besser einem Ausschuß überlassen kann, denn es ist erstaunlich, wie viele Mitglieder einer Versammlung sich plötzlich als Juristen entpuppen, wenn es um typische Rechtsfragen geht. - So ein Gutachten hindert übrigens die Rechtsversammlung nicht, sich ein eigenes Urteil zu bilden.

Damit sind wir bereits bei der dritten Haupttätigkeit, dem

Verleihen von Mandaten.(3)In einer Institution, und in einer Schule ganz besonders, sollte man die meisten Aufgabenbereiche in die Verwaltung von Einzelpersönlichkeiten oder Gruppen von Personen übergeben, nicht nur, weil ja nicht für jede Lappalie die ganze Mitarbeiterschaft, vielleicht dreimal, nämlich in den drei Organen, bemüht werden kann, sondern aus viel prinzipielleren Gründen: Das Mandatsystem - das heißt die höchstpersönliche Verantwortung des oder der Mandatsträger für ganze Aufgabenbereiche - ist die menschliche Grundlage für eine dreigliedrige Meso-Struktur. Wir dürfen diese als das Gegenteil von der hierarchischen Struktur betrachten, wie sie im Wirtschaftsleben und vor allem in Staatsleben üblich ist. Dort gibt es selten Mitarbeiter, kaum je Mandatsträger, sondern Funktionäre. Das neuartige organische Zusammenwirken ist als das demokratisch-republikanische Prinzip bekannt. Ihm ist ein eigenes Kapitel gewidmet.

Teilweise ist das Verleihen von Mandaten eine Formsache. Was soll denn im Rechtsorgan noch erwogen werden, wenn das Organ des Geisteslebens vorschlägt, daß Frau Liebkind die neue erste Klasse übernehmen soll? Es könnte aber sein, daß ihr die Arbeitserlaubnis fehlt oder daß Herrn Schüchterling bei seinem Eintritt vor drei Jahren versprochen wurde, daß er nach der dritten Klasse noch einmal mit der ersten anfangen darf. - Jedoch auch als Formalität ist die Bestätigung von Frau Liebkind nötig, schützt sie sie doch davor, daß andere in ihren Aufgabenbereich eingreifen. Und niemand außer dem Rechtsorgan kann ihr ihre Aufgabe vor Beendigung des abgesprochenen Termins abnehmen, auch wenn die Pädagogen auf dem Kopf stehen. - Dann gibt es andere Mandate, die normalerweise ausschließlich Sache des Rechtsorgans sind. Ich will hier zwei, für die Struktur einer Schule wichtige nennen.

In jeder Schule kommen Sachen vor, die eine sofortige Entscheidung fordern. Auch ist es so, daß nicht alles Vorkommende unter ein Mandat fällt und zu unwichtig ist, um das Rechtsorgan zu bemühen. Dazu ist ein permanenter Ausschuß nötig. Wenn Vandalen sich daran ergötzen, eine Baracke kurz und klein zu schlagen, kann man nicht erst eine Rechtskonferenz einberufen. Jemand vom permanenten Ausschuß wird entscheiden müssen: Gehe ich persönlich hin? Hole ich mir erst ein paar starke Männer? Rufe ich die Polizei? - Und wenn an einem Morgen die ganze Schule summt von dem Gerücht, Herr Krieger hätte auf dem gestrigen Elternabend auf Beschwerden von Eltern gegen Herrn Papinoko geantwortet, es wäre ein kapitaler Fehler gewesen, einen "Kanaken" anzustellen, dann wird jemand da sein müssen, der nach Bestätigung des Gerüchtes berechtigt ist, Herrn Krieger sofort zu beurlauben.

So einer einstweiligen Verfügung steht nun die definitive bei Lappalien gegenüber. - Sei in einer Schule dem Klassenlehrer delegiert, nach eigenem Ermessen Schülern bis zu einem Tag frei zu geben; darüber hinaus entscheidet der permanente Ausschuß und bei abweichenden Ferienwünschen das Rechtsorgan selber. Nehmen wir an, die Mutter erbittet für Lieschen einen Tag frei, um die Hochzeit eines weitläufigen Verwandten weit weg in der Provinz mitzufeiern. Sagt die Klassenlehrerin "Nein", weil sie sonst die Tür für einen Exodus zu öffnen fürchtet, so hilft weder Berufung beim permanenten Ausschuß noch beim Rechtsorgan. Die Mutter wird dort zu hören bekommen, daß die Klassenlehrerin berechtigt war, diese Entscheidung zu treffen. Würde um anderthalb Tage frei gebeten, dürfte die Klassenlehrerin keinen Beschluß fassen. Wahrscheinlich würde aber der permanente Ausschuß nach ihrer Meinung fragen. - Nehmen wir nun den gleichen Fall, nur findet die Lehrerin, daß Lieschen es in der letzten Zeit so schwer hatte und sich doch sehr eifrig Mühe gegeben hat, daß sie so eine fröhliche Entspannung verdient hat. Dann gibt sie zwar ein pädagogisches Urteil, das als solches unter ihr pädagogisches Mandat fällt, das aber auch als solches nicht den einen Tag überschreiten darf. Man wird höchstens erwarten dürfen, daß sie nicht die Mutter an den permanenten Ausschuß verweist, sondern diesen selber bemüht. - Würde sie dem Hans wegen seiner Faulheit und seiner destruktiven Haltung sogar nur einen halben freien Tag verweigern, dann sollte bei Berufung auf den permanenten Ausschuß oder das Rechtsorgan nicht mit irgendeiner Geschichte, warum die Lehrerin recht hat, geantwortet werden, sondern mit einem kurzen: "Wir sind dafür nicht zuständig".

Man sollte diese Dinge sehr genau behandeln: erstens, um langsam selber in die Geheimnisse des Ich-und-Du einzudringen, zweitens aber, um des lieben Friedens willen: "Was haben

Sie eigentlich mit meinen Kindern zu tun?", und drittens aus pädagogischen Gründen. Manche Kinder haben geradezu einen Riecher für Undeutlichkeiten in der Kompetenz. Ich darf das aus eigener Erfahrung sagen. Ich habe sie, als Waldorfschüler, schamlos mißbraucht.

Ein anderes wichtiges, ganz zur Kompetenz des Rechtsorgans gehörendes Mandat ist der Supervisor. Wir besprachen bereits die Notwendigkeit. Der Mensch als vitales Wesen tut nicht immer, was er als mentales Wesen richtig befunden hat. Es genügt also nicht, daß es Regeln gibt, man muß sie auch beachten. Es muß jemand da sein, dem das Rechtsorgan die Aufgabe gegeben hat, die Einhaltung zu kontrollieren, "Missetäter" auf ihren Verstoß aufmerksam zu machen und Rezidivisten nötigenfalls dem Rechtsorgan zu melden. Der Supervisor hat dieses Amt inne, und jedem anderen ist es streng verboten, Beanstandungen zu machen. Sieht er etwas Regelwidriges, kann er es dem Supervisor mitteilen. - Das Amt kann zerlegt werden. Zum Beispiel ist es sinnvoll, es dem Vorsitzenden jedes Organes zu verleihen, aber nur für dasjenige, was während der Sitzungen geschieht. Aber vor allem sollte das Mandat schnell rundum gehen. Niemand findet es angenehm - und sollte es doch so jemanden geben, dann wäre er für diese Funktion ungeeignet -, jeder sollte es aber im Turnus, zum Beispiel für drei bis sechs Monate, innehaben. An sich ist es gar nicht wichtig, *wie* das einem gelingt. Wichtig ist, daß jeder im Bewußtsein hat, daß Kontrolle da ist. Es ist ja auch nicht so gemeint, daß nach Regelwidrigkeiten gesucht wird.

Der Supervisor konstatiert unstatthafte Taten oder Worte. Er urteilt darüber nicht und noch weniger über die Person des Täters. Das geschieht auch nicht, wenn er einen hoffnungslosen Fall in das Plenum bringt. Man konstatiert dort das wiederholte Versagen. Etwas strenger: Man nennt in einem förmlichen Votum (Stimmen zählen!) das Auftreten von Soundso in dieser Beziehung unzulässig oder läßt sich noch weitergehende Folgen einfallen. Das heißt, daß auch der Täter, sogar wenn es um Schlimmes geht, den Schutz der Hauptregel des Sozialen hat: Die Person des andern ist tabu. Nur seine öffentlichen Aussagen und Taten stehen als solche zur Beurteilung. - Auch und gerade dieses Prinzip sollte das Rechtsorgan als Regel niederlegen. Siehe dazu Anhang B. Sie ist ein geistiges Prinzip. Sie herrscht vor, auch wenn sie das psychologische Erüben sozialer Fähigkeiten nicht ersetzt.

Der Beschluß

Betrachten wir, was uns auf Grund obiger Darlegungen als strukturelles Geschehen entgegentritt. Wo auch immer eine Festlegung oder ein Beschluß wünschenswert sind, wird das Rechtsorgan bemüht. Auch insoweit Mandatsträger beschließend auftreten, handeln sie in Vertretung des Rechtsorgans. Bevor der Beschluß aber gefaßt werden kann, liegt ein Gutachten der Organe des Geistes- und Wirtschaftslebens vor und schließlich auch des Rechtsorganes. Dieselben oder beinahe dieselben Leute haben das gleiche Problem von drei verschiedenen, ganz einseitigen Gesichtspunkten beleuchtet.(4)Nun erst kann jeder sich voll informiert nennen. Und sollte er es nicht sein, so kann das Rechtsorgan beschließen, die Sache ein zweitesmal, ein drittesmal den Weg durch die Organe durchlaufen zu lassen. Geht es um sehr Wichtiges oder sehr Spezialistisches, wird man eine externe Expertise anfragen.(5)

Ist das nicht furchtbar umständlich? In gewissem Sinne: Ja. Es ist auch zeitraubend, und zwar so lange, bis man damit gelernt hat umzugehen. Danach ist es zeitersparend. Man löst ja auch nicht die drei Unbekannten dreier Gleichungen gleichzeitig, sondern hintereinander - wobei, gerade wie hier, die Reihenfolge eher praktisch als prinzipiell bestimmt ist.

Erst wenn die volle Information vorliegt, kann beschlossen werden. Wie sollte das denn anders als demokratisch möglich sein? Doch nur, wenn es Leute gibt, die es besser wissen als der Rest. Ich darf für die Ausarbeitung auf Kapitel 2 verweisen und fasse hier nur stichworthaft zusammen. - Demokratisch bedeutet nicht: Die Hälfte + eine Stimme, sondern jede Stimme ist gleich viel wert. Man kann aber reglementär für verschiedene Themen verschiedene Mehrheiten verlangen. Über die Aufnahme eines Gesellschafters zum Beispiel sollte Einmütigkeit bestehen, also keine Gegenstimme; für die unfreiwillige Verabschiedung eines Mitarbeiters eine qualifizierte Mehrheit, zum Beispiel 2/3. Letzteres gelte auch für Satzungsänderung und für jede Abstimmung, bei der jemand in Frage stellt, ob der Beschluß satzungskonform sei.

Der Beschlußfassung geht keine weitere Diskussion voraus. Wird es gewünscht, sollte Gelegenheit für eine Stimmerklärung gegeben werden. Sie darf sich nicht in Wiederholungen ergehen, sondern darf höchstens ein kurzes Votum sein, warum die Abwägung aller Faktoren zu dieser und keiner anderen Stimmintention geführt hat. - Hat man genügend Zeit, wäre es zu empfehlen, die Abstimmung nicht gleich auf die (oft bewegte) Behandlung im Rechtsorgan folgen zu lassen. Es geschieht nämlich noch einmal etwas ganz anderes. Die drei Gesichtspunkte sollen sich zu einem inneren Entschluß verbinden, zu einem Wissen um das Richtige eigentlich. Damit meine ich: zu einem Einschlag des Gewissens. Was bei der Beschlußfassung geschieht, verhält sich zu den Beratschlagungen wie Geist zu Seele. Alles, was die Seele in ihrer Vielfalt aufgenommen hat, ist zwar als Grundlage nötig. Der individuelle Beschluß - ich bin dafür, oder ich bin dagegen - kommt aus einer ganz anderen Region, aus dem Nachterlebnis. Deswegen ist es gut, wenn eine Nacht zwischen dem Beratungsprozeß und der Abstimmung liegt.

Gerade wenn sich so eine Gewißheit eingestellt hat, kann es sehr schmerzlich sein, wenn das Rechtsorgan anders entscheidet. Es kann bis dahin gehen, daß man die Schule verläßt. Das braucht nicht nur negativ gewertet zu werden. Hier zeigt sich im Kleinen, was der Dreigliederung prinzipiell eignet: Sie baut die Möglichkeit des Sterbens ein, im einzelnen und im ganzen. Können die drei Gebiete nicht zusammenarbeiten, dann stirbt die Institution. Die Tatsache, daß keine rettende übergeordnete Instanz die Schule zusammenhält, ist die Herausforderung, die die Mitarbeiter benötigen. - Die Tatsache, daß ein Kollege eines Beschlusses wegen die Schule verläßt, ist auch ein Sterben und damit ein Weckruf. Bleibt er aber, dann hat er den Beschluß und dessen Folgen loyal mitzutragen, hat sich aber als Gegenstimme das Recht erworben, die gegen ihn entschiedene Lösung immer, wenn sich eine Gelegenheit dazu dartut, neuerdings an die Tagesordnung zu stellen.

Ein Vorstand?

Eine dreigliedrig gestaltete Schule geht von dem organisch miteinander und gegeneinander Wirken ihrer drei Lebensbereiche aus. Für einen Vorstand ist da kein Platz. Der ist gegen das Wunschbild der Selbstverwaltung - diesen Terminus in dem Sinne verstanden, daß *alle* Mitarbeiter zusammen für die Verwaltung der Schule sorgen. Der Vorstand vertritt nicht die Dreigliederung, sondern den Einheitsstaat.

Man kann den Vorstand in einer Waldorfschule euphemistisch als ein Hilfsorgan für die Lehrerschaft bezeichnen. Es kann wahr sein und ist doch nicht wahr. Gewiß kann ein Vorstand von gesellschaftlichen Schwergewichtlern auf die Obrigkeit (und die Eltern?) Eindruck machen. Wollen wir das eigentlich? Wird nicht das, was man so erreicht, zugleich bindend für das Kollegium? Können wir ihn sein Gesicht verlieren lassen? Und sollte man der Meinung sein, Vorstandsmitglieder nicht entbehren zu können: Wäre ihrem Ansehen geschadet, wenn sie nicht als Vorstand, sondern als Beauftragte der Lehrerschaft auftreten würden?

Es gibt aber viel fundamentalere Bedenken gegen Vorstände. Formell ist der Vorstand Vorgesetzter und Arbeitgeber. Sogar wenn er diese Rechte nicht in Anspruch nimmt, wird rein durch seine Befugnis sein Wunsch Befehl. Aber er nimmt sie in Anspruch, spätestens sowie es kriselt. Kein Vorstand lädt das Odium auf sich, die Schule zugrundegehen zu lassen, ohne einzugreifen. Die Möglichkeit muß aber, wie wir soeben sahen, real da sein. Kein Vorstand wird wirklich ernstlichen Beschwerden von Elternseite sein Ohr verweigern. Ich habe es selber miterlebt, daß Vorstandsmitglieder wieder und wieder Verantwortung forderten über das, was Eltern an sie herangetragen hatten, trotz der Absprache, daß der Vorstand außerhalb des Pädagogischen zu bleiben hat. Ich habe es miterlebt, daß folglich die Lehrervertretung im Vorstand immer selektiver mit Mitteilungen aus dem Schulleben wurde, bis die Bombe platzte und eine sehr schädliche Vorstandskrise ausbrach. Ich habe es miterlebt, daß ein Vorstand über einen Vertrauenslehrer einer Lehrkraft nahegelegt hat, die Schule zu verlassen, ohne daß die Konferenz etwas davon wußte. Diese war dadurch in eine Situation manipuliert worden, in der sie sich nolens volens hinter den Vorstand stellen mußte, wollte sie eine Vorstandskrise vermeiden. Kurz, die ganzen unlauteren Spiele, die wir aus der Politik kennen, werden so in die Schule getragen. Nur ein "toter Vorstand" ist ein guter Vorstand.

Nun, wo sich eine Schule als Gesellschaft bürgerlichen Rechts formiert, gibt es keinen Vorstand. Will sie, meist der Förderung wegen, einen Trägerverein, dann gibt es noch Möglichkeiten, den Vorstand rechtlich auszuschalten. Jeder Jurist hat die Konstruktion im Schrank liegen. Die Sucht nach einem Vorstand ist die Parallele zur Sucht nach einem Landesvater. Wollte man ihn wirklich nicht, auch nicht als eine juristische Hilfskonstruktion, dann bräuchte man nur etwas gegenseitiges Vertrauen. Man suche sich Vorstandsmitglieder, die einander und der Schule feierlich versprechen, niemals (als Vorstand) zusammenzukommen, niemals irgendwie in das Schulleben einzugreifen. So wurde es an der Amsterdamer Waldorfschule gehalten. Die Schule bekam den Namensstempel des Vorsitzenden und dieser das Versprechen, daß ihm Beschlüsse mitgeteilt würden, von denen die Schule vermuten könne, daß er prinzipielle Bedenken dagegen hätte. Nicht um einzugreifen, sondern um zeitig austreten zu können. Es funktionierte zu voller Zufriedenheit.

Damit möchte ich diese globale Besprechung einer dreigegliederten Schule abrunden, nicht aber ohne einem möglichen Mißverständnis vorgebeugt zu haben. - In dieser Skizze nehmen Regeln, Rechte, Verpflichtungen einen relativ großen Raum ein. Das könnte Wasser auf die Mühle derjenigen sein, die (manchen) Dreigliederern vorwerfen, daß sie, statt den lebendigen Organismus zu beschreiben, starre Formen kolportieren. Man könnte es - unfreundlich und das fehlende Wissen demonstrierend - so sagen. Dreigliederung *ist* nämlich innerhalb des sozialen Impulses das Formprinzip, so daß man sich nicht zu wundern braucht, wenn da viel von Formen geredet wird. Nur als Formprinzip kann sie das Freiheitsprinzip garantieren, wodurch Steiner die Dreigliederung die Fortsetzung der Philosophie der Freiheit nennen konnte. Ist die Strukturierung einer Schule zeitgemäß, dann können die Mitarbeiter *ihre* pädagogischen, sozialen und wirtschaftlichen Impulse hineinströmen lassen. Jede Inhaltsbestimmung vorab wäre eine Freiheitsberaubung des Menschen, der die eigentliche Arbeit verrichtet. Keineswegs hat Dreigliederung etwas darüber zu sagen, ob in der Schule Waldorf- oder Montessoripädagogik getrieben wird, und man sollte alle Beispiele, die ich im Vorhergehenden benutzte, wirklich nur als Verdeutlichung der Strukturprobleme betrachten. Die Bemerkung zum Beispiel, die mir in einem Seminar begegnete, daß eine Schule, die Lieschen nicht selbstverständlich auf die Hochzeit gehen ließe, rückständig sei, interessiert mich als Dreigliederer wirklich nicht. Ich gehe einfach von der (meinetwillen rückständigen) Gegebenheit aus und interessiere mich für deren strukturelle Konsequenzen. Daß zu der Erläuterung hier und da auch noch andere als strukturelle Gesetzmäßigkeiten herangezogen wurden, möge nicht unbedingt nötig gewesen sein. Es kommt, wie mir scheint, dem Verständnis entgegen.

Es sei weiterhin bedacht, daß das, was hier als Struktur hingestellt wurde, nur in seinen Grundzügen für eine dreigegliederte Schule unerläßlich ist. Die Praxis macht allerlei Variationen denkbar und oft auch wünschenswert. Sie kann auch Einbrüche fordern. Es wäre dogmatisch, nur ein ganz reines Modell akzeptieren zu wollen. Es kann sogar eine Methode sein, um später triumphierend zu erklären, daß Dreigliederung heute eben noch nicht machbar ist. Der springende Punkt ist, daß man weiß, wo man hin will und dann auch jede Gelegenheit ergreift, dem Ziel einen Schritt näher zu kommen. - Schließlich: Man kann sich auch ein ganz anderes Modell vorstellen. Es sei, weil mir kein Schulbeispiel bekannt ist, im 7. Kapitel kurz umrissen.

Wohlstrukturiert stehen die Gebäude der
Waldorfschule da.
Jetzt die soziale Strukturen noch! -

II.
REPUBLIKANISCH *UND* DEMOKRATISCH

In der Lehrerschaft der Waldorfschulen gilt als ein fast selbststverständlicher Satz: Eine Freie Waldorfschule soll republikanisch gestaltet sein. Diese Auffassung geht auf einen Aufsatz von Ernst Lehrs zurück, der zwar schon 1956 erstmalig erschienen, jedoch mit dem Siegel "Nur für internen Gebrauch" sekretiert war. Es ist zu begrüßen, daß er jetzt der Öffentlichkeit zugänglich gemacht wird ("*Republikanisch, nicht demokratisch*" in "*Mitteilungen aus der anthroposophischen Arbeit in Deutschland*" Stuttgart 1956). Weil aber seitdem die Konferenzen, die Rudolf Steiner mit den ersten Lehrern der Waldorfschule hielt, in der Gesamtausgabe vorliegen (GA 300 a-c), sind auch die stenographierten Worte Steiners zur Struktur der Waldorfschule zugänglich. Das ist nicht unwichtig, da Lehrs' Titel zwar dessen Anliegen deckt - er behandelt (nur) die republikanische Komponente -, aber keineswegs die ausschließliche Richtlinie für das Verwaltungsgeschehen darstellt. Als solche ist sie aber immer wieder der Praxis zugrunde gelegt.(6)

An erster Stelle fällt auf, daß Steiner die erwünschte Sozialgestalt der Waldorfschule nicht nur als *republikanisch*, sondern auch als *demokratisch* andeutet: demokratisch-republikanisch (GA 300a -1975-, S.271). Erstaunen dürfte das nicht. In meinem *Anthroposophischen Sozialimpuls* (Schaffhausen 1984) habe ich gezeigt (S. 251 ff.), daß das republikanische Prinzip ein Vorstadium haben muß, das entweder demokratisch oder autoritär ist; letzteres aber ist, laut Steiner, in unserer Zeit fehl am Platze. Wir dürfen daher den Ausspruch Steiners, den Lehrs als Titel seines Aufsatzes wählte, als situationsbedingt betrachten.

Nennen wir *republikanisch* den Grundsatz, daß gleichberechtigte Menschen je einen bestimmten Sektor des Institutionslebens in Eigenverantwortung, aber selbstverständlich im Sinne des Zieles der Institution, verwalten (7)- man könnte auch sagen: treu ihrem satzungsmäßigen Ziel -, so erfordert das Anvertrauen eines Sektors, das Verleihen einer bestimmten Aufgabe also, einen Beschluß. Kein Lehrer kann z.B. dekretieren, daß er nächstes Jahr die erste Klasse übernimmt. - Ein solcher Entschluß kann demokratisch gefaßt werden: Jeder hat eine Stimme. Er kann auch autoritär genommen werden: Ein Mensch weiß, oder einige Menschen wissen, im Gegensatz zu den übrigen, was gut für die Schule ist. Tertium non datur. Zwar kann man überlegen, bis Einmütigkeit entsteht, aber entweder ist diese Einmütigkeit echt, dann hätte man den Fall, daß jede Stimme ein Veto einlegen kann, oder man darf zwar reden, doch wenn der Führende seine Meinung geäußert hat, besteht die Einmütigkeit darin, daß jeder dieser zuzustimmen hat.

Es ist überliefert, daß Steiner ursprünglich die Konferenzen auf Einmütigkeit gebaut habe. Gleich beim ersten Fall, in dem ein Lehrer diese mißbrauchte, habe er den Versuch abgebrochen. Das würde beinhalten, und es wird wohl jedem aus der Seele gesprochen sein, daß Einmütigkeit besser ist als Mehrheitsbeschlüsse. Einmütigkeit ist aber mehr, als sich einem Vorschlag nicht zu widersetzen, wie Steiner durch das Zurücknehmen seines Vorschlages in dem behandelten Fall (GA 300b -1975-, S. 239) vorführte. Will man sich nicht der Gefahr der Manipulation aussetzen, soll von jedem Teilnehmer erwartet werden, daß er dem Vorschlag gegenüber Zustimmung oder Loyalität *bezeugt.*

Weder aus dem überlieferten noch aus dem publizierten Fall darf aber abgeleitet werden, daß Steiner nur bei unehrlicher Motivation Abstimmung angebracht findet. Diese Motivation kann nämlich im besten Falle der Eingeweihte konstatieren, und diese Situation dürfte heute in kaum einer Schule gegeben sein - noch dahingestellt (siehe Anhang B), ob man dem andern unlautere Motive vorwerfen soll. Genau das tut man aber, wenn man Abstimmung verlangt und diese nur bei unehrlicher Motivation gestattet ist.

Abstimmung hat viele Feinde. Zu ihrem Sprecher machte sich unter anderen H.P.van Manen (siehe die bibliographische

Notiz zu Kapitel 2) in seiner Kritik meiner Auffassung. Er findet zwar, daß wenn "das Kollegium nicht in überzeugender Mehrheit einig ist (...), ruhig abgestimmt werden muß", er will aber dem Kollegium nicht die Chance nehmen, zu einem inspirierten Beschluß zu kommen. Es sollte nicht notwendig sein zu sagen, daß diese Möglichkeit davon abhängt, ob die einzelnen Konferenzteilnehmer ein reges, auf dieses Ziel hin gerichtetes esoterisches Leben führen. Genauso selbstverständlich ist aber, daß man das nicht fordern kann. Wenn aber auch nur ein einziger Teilnehmer ausschert, zerbricht das Gefäß, das das Kollegium für die Erleuchtung bildet und das in der Anthroposophie Geistselbst genannt wird.

Der Vorschlag van Manens ließe sich vielleicht in einer Institution mit bis zu zehn Mitarbeitern durchführen. Eine einigermaßen erwachsene Waldorfschule zählt aber mindestens vierzig Lehrkräfte, und dann geht es nicht mehr - von ganz seltenen und strukturell unwichtigen Fällen der Gnade abgesehen. Es ist etwas, das der nächsten Kulturepoche vorbehalten ist - außer man sondert die Lehrerschaft in eine esoterische und eine nicht-esoterische Gruppe. Dann hat man ein Zweiklassensystem und damit etwas ganz Unsoziales eingeführt (siehe dazu Kapitel 8). Daß das Erüben eines solchen Gefäßes trotzdem schon heute in einer Institution möglich ist, habe ich in meinem *Anthroposophischen Sozialimpuls* (Schaffhausen 1984, S. 261 ff.) dargestellt und wird im Kapitel 4 weiter ausgearbeitet. Diese Möglichkeit ist sozial an strenge Bedingungen gebunden und steht nun strukturell gerade außerhalb der Beschlußfassung. Wer das Zukünftige herbeizwingen will, fällt meist in antiquierte Zustände zurück. Es ist die Tragik der Waldorfschulbewegung, daß sie ihrem Streben nach etwas noch Unerreichbarem "Menschenopfer" bringt. Es ist um so tragischer, wenn wir bedenken, daß Steiner uns das Heilmittel gegeben hat.

Soll in einer Waldorfschule nicht abgestimmt werden? Wenden wir uns dem (meines Wissens) einzigen Fall zu, in dem Steiner die republikanisch-demokratische Struktur demonstriert hat. (Ich lasse dabei das Geschehen auf der Weihnachtstagung

1923/24 zur Neubegründung der Anthroposophischen Gesellschaft dahingestellt, ist doch, was Steiner damals strukturell gewollt hat, mehr denn je eine offene Frage.) Ich wage die Vermutung, daß die von Lehrs berichtete Äußerung Steiners genau diesen Fall betrifft, nur ist sie da zu einem Schlagwort verdünnt. - Weil es an der Waldorfschule gewisse Führungsansprüche gab, wollte Steiner dem einen Riegel vorschieben, indem von der Basis her ein Gremium eingesetzt wurde, wodurch gewisse Aspekte der Verwaltung, die bis dahin nur aus einem Bündel von Funktionen bestand, formalisiert wurden und Kontinuität bekamen. Anders als bei den Lehrerfunktionen, die Steiner persönlich verlieh, wollte er hier, daß das "Triumvirat", dem für längere Zeit eine koordinierend-repräsentative Aufgabe zugedacht war, von den Kollegen gewählt würde. Die vorgeschlagene Prozedur war äußerst interessant. Keineswegs sollten die Lehrer die drei Persönlichkeiten wählen, sondern sie wählten in schriftlicher, also geheimer Abstimmung sechs Persönlichkeiten, welche sie als die am meisten dazu Befähigten erachteten, die drei Repräsentanten auszusuchen. Diese erste Wahl fand also strikt demokratisch statt: Jeder Konferenzteilnehmer hatte eine Stimme; die sechs Persönlichkeiten mit den meisten Stimmen waren gewählt (GA 300b, -1975-, S. 239; vgl. dazu auch ebd. S. 56).

Der folgende Schritt war, daß die Liste mit den so ausgesuchten drei Persönlichkeiten als *Vorschlag* in die Lehrerkonferenz gebracht wurde (ebd. S. 341), glücklicherweise wieder in der Anwesenheit Steiners. Denn einer der Teilnehmer, mit "Y" angedeutet, schlägt nun vor, das Triumvirat mit einer namentlich genannten Persönlichkeit zu erweitern. Jetzt zieht Steiner alle Register, um diesem Besserwisser die Leviten zu lesen: Der Konferenz steht nur noch eine Möglichkeit offen, "ja" oder "nein" zu dem Vorschlag zu sagen. Es sei unerträglich, daß man erst ein Ernennungsgremium einsetze im Vertrauen in die Qualitäten seiner Mitglieder und daß dann ein Lehrer durch seinen Vorschlag de facto ein Mißtrauensvotum ausspreche, denn der Vorschlag, einen Vierten hinzuzuwählen, sei wohl nicht anders zu deuten, als daß das Gremium seine Arbeit besser hätte machen sollen. Bei jedem Wort, mit dem der Ärmste sich aus der Klemme ziehen will, faßt Steiner nur um so härter zu und hindert ihn sogar daran, klein beizugeben. Man könnte beinahe den Eindruck bekommen, daß hier ein Verbrecher entlarvt werden müsse.(8)

Es ist sehr wohl möglich, daß der Nachdruck, der damit diesem Aspekt des Falles zuteil wurde, das einseitige Herausstellen des republikanischen Prinzips verursacht hat; denn um dieses ging es ja hier. Man hatte einem Gremium eine Aufgabe anvertraut. Diese konnte es - in der Gewißheit, das Vertrauen der Konferenz zu besitzen - in voller Autonomie erfüllen. Niemand durfte sich, auch nicht mit "gutem Rat", einmischen. Angenommen, die Konferenz hätte zu dem Resultat "nein" gesagt, dann wäre das nichts weniger als ein Mißtrauensvotum gewesen. Wahrscheinlich hätte es den Abschied der Mitglieder des Gremiums von der Schule bedeutet. Überspitzt darf man daher sagen, daß unser Besserwisser das Leben der Schule gefährdet hat. Ich habe den Eindruck, daß Steiner durch sein rigoroses Verhalten diese Tatsache unauslöschlich in die Seelen der Anwesenden einprägen wollte.(9)

Dieser republikanische Aspekt sollte uns aber nicht an dem zweiten demokratischen Geschehen in dieser Angelegenheit vorbeischlüpfen lassen. - Nicht das Gremium berief die Mandatsträger. Sein Vorschlag wurde in die Konferenz vorgebracht, und diese berief - demokratisch - das Triumvirat: Es wurde gewählt. Doch hat das demokratische Prinzip hier, im Gegensatz zur Wahl des Gremiums, nur noch eine formelle Bedeutung. Mit dem Vorschlag war der Aufgabe des Gremiums vollbracht und die Delegation beendet. Indem die Konferenz dem Vorschlag zustimmte, akzeptierten alle Stimmberechtigten persönlich das Resultat. Man darf darin eine Art Entlastung sehen. Sollte sich später zeigen, daß die Wahl des Triumvirats ein Fehlschlag war, dann hätte nicht das Gremium, sondern jeder Stimmberechtigte die Schuld zu tragen gehabt.

Obwohl es üblich ist - und es auch so geschah -, daß die demokratische Prozedur bei Entlastungen zur Annahme des Vorschlags durch Zuruf verkürzt wird, muß die Möglichkeit einer Ablehnung grundsätzlich offenbleiben. Manchmal ist es nötig, daß sich an einem, vielleicht sogar an sich unbedeutenden Fall die Geister scheiden. Buchstäblich.

Was ich hier als ein Musterbeispiel dargestellt habe, könnte man natürlich auch als eine Notlösung, speziell für Fälle gemeinschaftsgefährdenden Verhaltens, betrachten. Man könnte sich dabei sogar auf den Wortlaut der diesbezüglichen Konferenzen stützen. Meines Erachtens wäre das aber eine Verkennung der Art, wie Steiner vorzugehen pflegte. Gerade auf sozialem Gebiet sieht man immer wieder, wie er sich an konkreten Fällen vortastet und... die Geduld aufbringt, auf diese zu warten. Erst wenn sich die konkrete Situation ergibt, wird das Allgemeine aus dem Konkreten - nicht umgekehrt - erläutert.

Wir dürfen wohl annehmen, daß der "Fall Y" der erste war, in dem persönliche Spannungen innerhalb des Lehrerkollegiums zum Ausbruch kamen. Steiner hat ihn als Lehrprozedur angewandt. Aber auch wenn diese sich nur auf Fälle persönlicher Spannungen beziehen sollte, kann man sich die Frage stellen: Wo gibt es diese an den Schulen nicht? Sollte aber gar der Wirkensbereich der demokratischen Entschlußfassung auf Fälle gemeinschaftsgefährdenden Verhaltens beschränkt bleiben, dann darf man sich fragen, wem das Recht zusteht, die Motive des Kollegen aufzudecken und durch die Forderung einer Abstimmung eine moralische Verurteilung auszusprechen.

Aber Steiner war doch gegen das Abstimmen? Gewiß, er war es. Er war auch gegen Geld und trug es dennoch in der Tasche; er gab sogar eine Geldtheorie so wie hier einen Leitfaden für die demokratische Praxis. (Siehe dazu meinen *Sozialimpuls*, S. 253f.)

Republikanisches und demokratisches Prinzip sind Polaritäten. Je mehr man die Verantwortung für verschiedene Arbeitsfelder delegiert, um so weniger Inhaltliches gibt es, worüber demokratisch zu entscheiden wäre. Mit der Aufgabenüberantwortung hat man auch die Entschlußfassung aus der Hand gegeben. Die Arbeitsgemeinschaft verzichtet auf das Recht eines demokratischen Verhältnisses zu *diesem Mandat*. Erreicht man damit, daß nicht jede Lappalie die Vollversammlung beschäftigen muß, ist das natürlich günstig. Nimmt dadurch die Initiative und die Verantwortlichkeit auf dem delegierten Gebiet zu, ebenfalls. Geht man aber zu weit, dann zeigt sich als Nachteil, daß die Koordination auf das Institutionsziel hin brüchig wird: Jeder verwaltet seinen eigenen Bereich.

Man kann die Sache auch umdrehen: Wo koordinierende Funktionen geschaffen werden, ist das ein Zeichen dafür, daß das Gleichgewicht zwischen dem demokratischen und republikanischen Prinzip gestört ist. Es gibt nicht genügend Gelegenheiten, um den Kurs des einzelnen am Institutionskurs zu prüfen und eventuell durch demokratische Entscheidungen anzupassen. Ganz bedenklich wird es aber, wenn Aufgabenbereiche für lange Zeit delegiert werden, respektive wenn die Verlängerung von Mandaten zur Formalität wird (durch Zuruf geschieht). Dann bilden sich Machtpositionen innerhalb der Organisation, die ein amtliches Gepräge bekommen. Ihr Wirken hat nichts mehr mit "demokratisch" oder "republikanisch" zu tun, hingegen alles mit einem autoritären Regime. Für die meisten Mandate ist die Dauer eines Jahres schon reichlich lang. Danach sollte sich der Rücktritt automatisch aus den Regeln ergeben. Die Funktion (nicht der Mandatsträger!) wäre aufs neue einer Bewertung zu unterwerfen, bevor man in geheimer Wahl einen neuen Mandatsträger beruft. Ausnahmen sind möglich und manchmal technisch nötig. Das beste Beispiel ist der Klassenlehrer der Unterstufe, der in der Waldorfschule normalerweise ein Mandat für acht Jahre empfängt.

Das republikanische Prinzip, das in seinem formellen Aspekt wegen der Unnahbarkeit beinahe arrogant genannt werden könnte, erfordert eine Ergänzung auf menschlicher Ebene. Es weist zwar jede unerbetene Einmischung ab, aber es verbietet den Berufenen keineswegs, um Rat oder Hilfe zu bitten. Das Bedürfnis danach wird oft groß sein. Man kann sich eine Vertrauensperson aussuchen, man kann sich einen Kreis von Mitdenkern bilden, man kann sich sogar um Hilfe an die Vollversammlung wenden - alles das ist möglich, solange es vom Mandatsträger ausgeht. Aber genauso ist alles unmöglich, das von anderen ausgeht, auch wenn es "freundschaftlich gemeint" ist. "Ich würde an Deiner Stelle mal mit X reden", ist eine grobe Einmischung, nämlich eine Äußerung von Kritik. -

Die *erbetene* Hilfestellung, und das ist wohl zu beachten, nimmt, ob es nun ein Rat oder eine Handreichung ist, kein Tüpfelchen von dem Iota der Eigenverantwortung weg.

Je mehr sich ein Mandatsträger darauf verlassen kann, daß niemand ihn durch Besserwisserei schädigen oder disqualifizieren will, um so niedriger wird die Schwelle, bei peinlichen Angelegenheiten, bei gemachten Fehlern, bei Unsicherheit etc. den Rat eines Kollegen zu erbitten. Das wirkt sich nicht nur positiv auf das betroffene Problemgebiet aus, es ist auch sozial heilend und kommt schließlich der Koordination zugute. Man lernt ein Empfinden zu entwickeln, daß nicht alles, was formell zum eigenen Aufgabenbereich gehören könnte, ausgeschlachtet werden muß.

Zuviel Demokratie untergräbt die Institution nicht weniger. Wenn das Plenum darüber entscheiden muß, ob Marie einen Nachmittag frei bekommen darf, ob eine neue Schreibmaschine gekauft werden soll, ob ein Inserat im Schulblatt abzulehnen sei, dann werden Konferenzen zu Heimsuchungen. Sie werden immer schlechter besucht, und aus Langeweile werden Steckenpferde geritten. Solche Ermüdungserscheinungen sind oft ein Zeichen von zuviel Demokratie.

Obwohl das republikanische Prinzip selten ganz konsequent durchgeführt wird, ist es in anthroposophischen Zusammenhängen doch so eingebürgert, daß es wenig Sinn hatt, näher darauf einzugehen. Das ist anders beim demokratischen Prinzip; darum möchte ich davon noch einige Aspekte beleuchten.

Man macht aus dem demokratischen Prinzip eine Farce, wenn der Konferenzvorsitzende die Besprechung eines Vorschlages abschließt mit den Worten: "Niemand dagegen? - Dann ist der Vorschlag angenommen." Man kann dann risikolos prophezeien, daß, sollten die Folgen des Entschlusses ungünstig sein, da und dort behauptet wird: "Ich bin damit auch nie einverstanden gewesen." - Man tut der Demokratie Unrecht, wenn man denkt, daß es bei ihr nur um Mehrheiten geht. Es geht auch und vor allem um die *Wahrnehmung der Stimmen*. Die Konferenzordnung und deren Handhabung sollten darauf hinzielen, daß man sich zu seiner Meinung bekennt oder sie wenigstens merken läßt. Das Ja oder Nein soll aus dem Willen kommen: ein hörbares Wort, eine ausgestreckte Hand, eine schriftliche Stellungnahme. Und der Wille empfängt Antwort von dem fallenden Hammer: Das war *Dein* Entschluß.

Darum soll man die Stimmen zählen, auch wenn die Mehrheit deutlich ist. Und zwar: "dafür", "dagegen" und "Stimmenthaltungen", und man soll kontrollieren, ob deren Summe mit der Zahl der anwesenden Stimmberechtigten übereinstimmt (GA 300b - 1975-, S. 248). Die Teilnehmer sollten aufgeklärt sein, was *Stimmenthaltung* bedeutet; nicht etwa: "Ich weiß es noch nicht und werde im Lauf der Entwicklung schon sehen, wie ich mich dazu stelle." Stimmenthaltung bedeutet entweder: "Mir ist Ja wie Nein recht" oder "In dieser Sache fehlt mir das Urteilsvermögen, und deshalb akzeptiere ich loyal den Standpunkt der Mehrheit". Wer letzteres nicht will, soll gegen den Vorschlag stimmen.

Zur Demokratie gehört auch, daß man geheim, also *schriftlich, abstimmen* läßt, wenn einer der Teilnehmer das wünscht oder wenn der Vorsitzende das Gefühl hat, daß es da Leute gibt, die den Mut nicht haben, ihre Meinung zu äußern. Gewiß, im "Bewußtseinsseelenzeitalter" sollte jeder zu seiner Meinung stehen; nur kann man das von niemandem fordern. Man kann es ihm aber erleichtern und hoffen, daß auf Dauer der Mut in ihm wächst. - Bei der Wahl von Personen sollte die geheime Prozedur Regel sein, wie Steiner in unserem Kasus demonstrierte. Da geht es nicht nur um Mut, da geht es vor allem ums Porzellan...

Zu Unrecht identifiziert man das demokratische Prinzip oft mit "Die Hälfte + 1". Demokratisch bedeutet in formeller Hinsicht nicht mehr, als daß alle Stimmen gleich viel zählen und gleich schwer wiegen. Es sollte bei Rechtsfragen heute keine "Tiere" mehr geben, die "mehr gleich" als andere Tiere sind (Orwells *Animal Farm*). Eine andere Frage aber ist, welche Mehrheit zur Annahme eines Entschlusses nötig ist. Da gibt es nichts Grundsätzliches; es ist eine Frage der Verabredung. Nur sollte diese satzungsgemäß oder per Reglement festgelegt sein. Wird erst für den konkreten Fall festgelegt, ob eine einfache Mehrheit, zwei Drittel der Stimmen oder gar Einstimmigkeit erforderlich ist, so kann die Versammlung leicht manipuliert werden.

"Einmütigkeit" ist ein sehr schöner Grundsatz, der aber bereits manche Institution ruiniert hat. Sie ist ein Freibrief für Querulanten. Trotzdem gibt es Gebiete, wo sie wünschenswert ist. Ich denke da speziell an die Aufnahme eines neuen stimmberechtigten Mitgliedes.(10)Dessen Stimme wird doch künftig nicht nur über das Wohl der Institution, sondern auch über das jedes einzelnen Mitarbeiters (mit)entscheiden. Es ist in einer Schule nicht anders als in einer Gesellschaft bürgerlichen Rechts: Wenn man satzungsmäßig davon nicht abweicht, ist die Aufnahme eines neuen Teilhabers nur mit Zustimmung aller derzeitigen Teilhaber möglich. In einer Waldorfschule empfiehlt sich das genauso, auch wenn es da keine Vermögensanlagen und kein Gewinnstreben gibt.

Die Bedingung der Einmütigkeit ist aber unerwünscht, wenn man sich von einem Mitarbeiter lösen will oder muß. Sie würde jeden Mitarbeiter in eine Machtposition bringen, und sehr wenige Menschen sind immun gegen deren Verführung. Ein Dickschädel könnte eine Krise unlösbar machen. Es gibt andere Mittel, emotionale Entscheidungen zu vermeiden. Im demokratischen Bereich kann man an eine Unterhandlungspause denken und an die satzungsgemäße Forderung, daß Verabschiedungen von stimmberechtigten Mitarbeitern z.B. eine Dreiviertelmehrheit erfordern.

Eine *qualifizierte Mehrheit* ist nicht nur wünschenswert bei Satzungsänderung, sondern jedesmal, wenn auch nur einer der Stimmberechtigten die satzungsmäßige Zulässigkeit eines Entschlusses in Frage stellt. Erlaubt es z.B. die Zielsetzung der Waldorfschule - Pädagogik auf Grundlage der Geisteswissenschaft Rudolf Steiners -, den Kindern das Arbeiten mit Mehrantwortfragen beizubringen? Obwohl auch hier, um des Steckenpferdstalles willen, Einmütigkeit nicht das Richtige wäre, kann es weise sein, von einem Entschluß abzusehen, wenn auch nur ein Mitarbeiter ernste Gewissensbeschwerden hat.

Schließlich, und damit kommen wir zum Ausgangspunkt zurück, sollten auch für Delegationen qualifizierte Mehrheiten verlangt werden. Gerade weil in Institutionen auf anthroposophischer Grundlage der Nachdruck ganz auf dem republikanischen Prinzip ruht, sollte man ein breites Vertrauensvotum verlangen. Wem mit knapper Mehrheit ein Amt verliehen wird, der wird sich gewiß unsicher fühlen. Gewählt sein ist nicht genug. Man muß auch anerkannt sein "durch das freie Verständnis seiner Mitarbeiter bis zum letzten Arbeiter herunter" (GA 328 -1977-, S. 157).

Demokratie wird im institutionellen Leben, und speziell bei Einrichtungen des Geisteslebens, stets Nebensache sein müssen. Was mit Hilfe einer Organisation, im Wirtschafts- oder Geistesleben, zum Sozialkörper beigetragen wird, hängt immer von Fähigkeiten von Menschen ab und damit von dem Spielraum, den sie bekommen (republikanisches Prinzip). Es geht um den Kaffee, nicht um die Tasse. Doch ist die Tasse unentbehrlich, und schon ein Sprung kann peinliche Folgen haben. Wer jegliche Spur Demokratie aus seinem Institut abwehrt, sucht die Ursache für alles, was menschlich schiefgeht, natürlich in der Bösartigkeit oder Unzulänglichkeit seiner Untergebenen, wenn nicht gar in Hetzschriften unverantwortlicher Kritiker. Wer aber mit einem Blick für das Strukturelle Institutionen besucht, dem begegnen auf Schritt und Tritt die - oft katastrophalen - Folgen von Formverwahrlosungen, meistens die demokratische Komponente betreffend. Ihre Ausschaltung führt nämlich nicht zu einer Verstärkung des republikanischen Prinzips, sondern zu einem Rückfall in hierarchische Verhältnisse. An die Stelle der Konferenz tritt eine informelle, ungreifbare und vor allem das Inhaltliche an sich reißende Macht.

Diese Gefahr droht auch bei dem in der obenerwähnten Gegenrede van Manens gemachten Vorschlag, das heute meist "interne Konferenz" genannte Organ, in dem die tragenden Lehrkräfte die für die Schule lebenswichtigen Entscheidungen treffen, umzufunktionieren zu einem Rat der Erfahrenen, der die Mandatsträger bei Bedarf berät. So ein Beratungsorgan für zweifelnde Mandatsträger würde sich zwangsläufig zu einer Grauen Eminenz entwickeln. Bei jeder Unzufriedenheit mit einer Mandatsausführung droht die verurteilende Frage, warum man sich nicht erst Rat bei dem Organ der Erfahrenen geholt habe. Das wirkt nicht nur präventiv hinsichtlich "Alleingängen" und "Fraktionsbildung", an erster Stelle behindert es auch die Freiheit des Mandatsträgers, sich seinen Rat bei denen zu holen, zu denen er, vielleicht nur in diesem spezifischen Fall, Vertrauen hat. Zur Frage, wie sich der Vorschlag van Manens vom pädagogischen Impuls her ausnimmt, enthalte ich mich eines Urteils. -

Ich möchte mich mit diesen Bemerkungen keineswegs gegen bestehende Gebräuche an Waldorfschulen wenden. Wem diese lieb sind, der soll sie praktizieren oder mit sich praktizieren lassen. Man sollte aber wissen, daß man dann nach dem Gegenteil der sozialen Dreigliederung strebt. Hier sollte Klarheit herrschen. Es mag eine Institution noch so sehr anthroposophischen Zielsetzungen dienen, solange sie deren sozial-strukturellen Impuls nicht zu verwirklichen bestrebt ist, ist es keine anthroposophische *Institution*.

Das soziologische Grundgesetz(11)verursacht heute, daß sich der Mensch immer unwilliger dem Interesse von Verbänden unterordnet. Dennoch ist überall, wo das gesellschaftliche Leben sich organisiert, institutionellen Charakter annimmt, Unterordnung unter das Ziel der Institution unumgänglich. Mit diesem Paradoxon müssen wir leben. Und es lebt auch in widersprüchlichen Aussagen in Steiners Werk. Wir finden einen modus vivendi dann, wenn wir dem einzelnen Mitarbeiter zwar einen freien Spielraum gewähren (republikanisches Prinzip), wenn aber die damit zusammenhängende Weisungsberechtigung (Delegation) - genauso wie Formulierung und Interpretation des Zieles - auf Mitbestimmung aller beruht (demokratisches Prinzip). Man ist dann nicht fremdbestimmt, sondern ordnet sich seinem eigenen Entschluß, das genau umrissene Mandat annehmen zu wollen, unter.

Der Aufsatz von Lehrs hat durch seinen Titel und wahrscheinlich auch durch den persönlichen Vorzug des Autors für das Republikanische viel zu einseitig zu republikanischen Schulordnungen beigetragen.(12)Man verletzt aber das soziologische Grundgesetz nicht ungestraft. So kam das Ruder vielerorts statt in die Hände der Republikaner in die der Manager.

III.
DAS RICHTERGREMIUM

Mit dem hier gemeinten Organ überschreiten wir die Grenzen der Schule. Wir müssen sie überschreiten, weil dieses Organ auf der sozialen Gesetzmäßigkeit beruht, daß niemand Richter in eigener Angelegenheit sein kann. Wenn also die Schule Partei in einem Konflikt wird, sollte sie darin nicht das Urteil sprechen. In einem Rechtsstaat ist das selbstverständlich. Bei Konflikten zwischen natürlichen oder Rechtspersonen kann der unabhängige Richter angerufen werden. Der stände auch zur Verfügung für die Fälle, für die das Richtergremium gemeint ist. Es wäre aber nicht ohne weiteres anzunehmen, daß ihm auch das Verständnis für den ihm vorgelegten Konflikt eignet. Das macht die Chance auf ein Fehlurteil größer als nötig.

Die hier gemeinten Konflikte treten auf, wenn ein Interesse der Schule als Institution kollidiert mit dem Interesse eines Mitarbeiters. Deutlichster und meist vorkommender Fall: Das Rechtsorgan will sich von einem Lehrer trennen, doch dieser wünscht nicht zu gehen, sei es, weil er das in seiner Lebenslage nicht akzeptabel findet ("Wo komme ich mit 56 noch unter?"), die Abfindung zu niedrig findet ("Dann werdet ihr auch für mich zu sorgen haben!"), der Abschied nicht im Interesse der Schule sei ("Ihr tut das ja nur, weil ich einen Konflikt mit der Anthroposophischen Gesellschaft habe") usw. Mit diesen Kontroversen könnte man sich auch an den Berufsrichter wenden. Sollte der aber beurteilen, was von einem Waldorflehrer verlangt werden darf? - Ein zweiter Problemkomplex liegt bei der Frage, ob die Schule bei ihrem Streben innerhalb ihres satzungsgemäßen Zieles geblieben ist. Man stelle sich vor, daß das Rechtsorgan, um die Förderung durch die Obrigkeit nicht zu verlieren, mit der verlangten 2/3-Mehrheit sich umstrittenen Bedingungen beugt. Denn wenn das eigene Einkommen gefährdet ist, wird ein Ziel manchmal recht weitherzig interpretiert, und kriegt das Gewissen Maschen. Soll ein empörter Lehrer etwa den Berufsrichter bemühen, um ihn darüber urteilen zu lassen, ob Vorbereitung auf ein Examen, in dem man, um durchzukommen, lügen müßte, unter das satzungsgemäße Ziel "Pädagogik nach Rudolf Steiner" fällt? - Es gibt zweifelsohne manche Rechtsfrage, in der der Richter überfragt ist, wie oft man sich auch wundern kann, daß er aus seiner Erfahrung heraus sehr weise Sprüche fällt.

Die Kompliziertheit unseres heutigen Gesellschaftslebens hat sehr allgemein dazu geführt, daß man Streitfragen lieber spezialisierten Schiedsrichtern als dem Berufsrichter vorlegt. Das gilt auch für eine Waldorfschule. Diese sollte sich aber außerdem noch den Hinweis Steiners zu Herzen nehmen, daß die Richter da sein sollen, bevor auch nur die Rede ist von einem Konflikt. Ist der einmal da, dann sucht sich jede Partei einen Schiedsrichter, von dem sie weiß, daß er ihren Standpunkt teilt, und am liebsten einen recht scharfen. Dann ist die Gefahr groß, daß weniger ein das Rechtsgefühl befriedigendes Urteil als ein erreichbarer Kompromiß das Resultat ist. - Ohne auf die Details, die beim Zustandekommen eines Richtergremiums sehr genau geregelt werden müssen, einzugehen, seien kurz die Hauptlinien beschrieben.

An die zu wählenden Richter/Schiedsrichter sollten drei Anforderungen gestellt werden:
1. Soll jeder Mitarbeiter mindestens einen Richter im Gremium haben, zu dem er so viel Vertrauen hat, daß er ihn im Ernstfalle zum Richter in seiner Angelegenheit bestimmen würde.
2. Sollen nur solche Persönlichkeiten zum Richter gekürt werden, in die *alle* Mitarbeiter das Vertrauen setzen, daß sie objektive Richter sein können. Genau diese Bedingung ist eigentlich kaum zu erfüllen, wenn Richter erst im Konfliktfall gewählt werden.
3. Sollen die Richter nicht aus den Mitarbeitern der Schule gewählt werden, noch aus ehemaligen Mitarbeitern, da diese mit den Interessen der Schule zu sehr verflochten sind. Am besten ist es, wenn sie aus der Schulbewegung im breitesten Sinne des Wortes kommen, also viel Erfahrung mit der Schulproblematik mitbringen, wie zum Beispiel Lehrer anderer Schulen im Ruhestand.

Vielleicht könnte der Eindruck entstehen, daß eine Schule mit 60 Mitarbeitern 50 Richter nötig hätte, will der Anforderung unter 1. und 2. Genüge getan werden. Das ist Theorie.Meine Erfahrung war, daß zum Beispiel das Amsterdamer Kollegium an sechs Richtern genug hatte, weil auf den Stimmzetteln der 45 Lehrer immer wieder dieselben Namen vorkamen (Ziffer 1.), und daß keiner der sechs beanstandet wurde (Ziffer 2.). Scheinbar gibt es ein hohes Maß an Konkordanz, welche Personen richterwürdig und vertrauenswürdig sind. Ich möchte die Richterwahl als Gegenerfahrung nennen, die wir mehr oder weniger als Übung mit den Studenten unserer Dreigliederungsausbildung durchführten. Formell war sie für den Fall gedacht, daß Interpretationsschwierigkeiten entstehen sollten über den Ausbildungsvertrag zwischen Studenten und Dozenten. Die Neuheit des Gebietes, was die darin tätigen Persönlichkeiten betraf, führte dazu, daß die 40 Studenten 15 Richter nötig hatten und das nach so viel Beanstandungen, daß man sich schwer tat, neue Namen zu finden. Es zeigt sich daran, daß ein gewisses Gefestigtsein im Arbeitsgebiet eigentlich unerläßlich ist, aber bei Studenten, die gerade aus allen Himmelsrichtungen zusammengeströmt waren, nicht erwartet werden konnte.

Die Frage kann auftreten, ob in dieses schiedsrichterliche Verfahren nicht auch andere zum Schulbereich gehörende Menschen, zum Beispiel Eltern, einbezogen werden können. Ich meine, daß das nur beschränkt möglich ist. Man kann nämlich den oft fremd im Waldorfschulwesen stehenden Eltern nicht die Wahl des Richters überlassen - da wäre der Berufsrichter besser vorbereitet. Und praktisch ist es einfach unmöglich, bei jedem Elternwechsel aufs neue die Frage zu stellen, ob zu den gegebenen Richtern Vertrauen besteht. Man kann aber auf freiwilliger Grundlage den Eltern etc. anbieten, im Streitfalle das Richtergremium zu nutzen, in welchem Falle man dann aber abzusehen hätte von seinem Berufungsrecht auf den bürgerlichen Richter. Das könnte in manchem Falle hilfreich sein. Gerade Eltern, die in voller Überzeugung ihr Kind in die Waldorfschule bringen und die sich auch die Grundlagen der Waldorfpädagogik erworben haben, mag es manchmal jucken, das, was hier als Waldorfpädagogik verkauft wird, von einem kundigen Gremium beurteilen zu lassen.

Nun mag es für jeden deutlich sein, daß man mit der Satzung vorsichtig umgehen soll. Für die Lehrerschaft kann eine 2/3-Mehrheit, die einen zu fassenden Beschluß als im Rahmen der Satzung liegend betrachtet, Grund sein, nur bei sehr ernsten Bedenken das Richtergremium zu bemühen. Empfindet man andrerseits die Bedenken des Kollegen als aus Gewissensnot geboren, kann es weise sein, den Beschluß, trotz erfüllter Mehrheit, auf Eis zu legen. Wie oft fungiert nicht *ein* Mensch als das Gewissen einer aus dem Häuschen geratenen Initiative. - Bei Außenstehenden kann man Hemmungen, sich gleich auf die Satzung zu berufen, nicht voraussetzen. Man käme zu einem das Geistesleben erstickenden Schriftgelehrtentum, wollte man jede Schulmaßnahme unter den Beweis stellen lassen, daß sie auf Steiners Pädagogik fußt. Man sollte darum das Einspruchsrecht beschränken auf das, was im Verwaltungsrecht "beschränkte Nachprüfung" heißt: Nicht ob ein Beschluß Waldorfpädagogik *ist*, sondern ob man ihn darunter bringen *darf*, ohne den Begriff Waldorf- (oder Steiner-) Pädagogik bis über seine Grenzen auszudehnen.

Sind die Richter gewählt und sind die Ämter angenommen, dann kann man nur hoffen, daß sie nie bemüht werden. Kommt es aber zu einem Konflikt, dann sollte jeder das Recht haben, irgendein Mitglied des Gremiums, das nicht dasjenige zu sein braucht, das er sich ursprünglich als seinen Vertrauensrichter gedacht hatte, für die Abgabe eines Urteils zu bestimmen. Kommen die beiden Richter der beiden Parteien nicht zu Einstimmigkeit, dann können sie aus dem Gremium einen dritten Richter hinzuziehen.

Man kann vielleicht nicht jedesmal, wenn ein neuer Mitarbeiter zutritt, die Prozedur wiederholen. Es ist auch gar nicht schlimm, hat sogar Vorteile, wenn Neulinge sich zwei bis drei Jahre mit dem gegebenen Gremium bescheiden müssen. Aber mindestens alle drei Jahre sollte man sich vergewissern, ob die beiden Vertrauensverhältnisse für alle Mitarbeiter noch verbürgt sind. Und es sollte zu den Aufnahmebedingungen von allen Mitarbeitern gehören, daß sie sich verpflichten, im Streitfalle sich dem Urteil der selbstgewählten Richter zu beugen und auf den Berufsrichter zu verzichten.

IV.
DAS GEISTORGAN

In seiner *Politeia* läßt Plato die Philosophen regieren, doch erst ab ihrem 50. Jahr. Dann erst verfügen sie, so Plato, über genügend Weisheit. - Wie so vieles, das uns aus vorchristlicher Zeit überliefert ist, kann auch dieses Wort hilfreich werden, wenn... wir es umdrehen: Von seinem 50. Jahr ab sollte ein Mensch keinen Platz mehr einnehmen, der ihm das Sagen gibt.

Menschen, die auf der Höhe ihrer Zeit stehen, stehen auf der Spitze ihrer Persönlichkeit. Soweit das möglich ist, sollte man strukturell alles, was ihre Freiheit beeinträchtigt, entfernen. Dieser Impuls trägt ja auch die Dreigliederung. - Die Freiheit eines Menschen wird aber, ganz besonders in seiner Zeit der größten äußeren Tätigkeit, beschränkt, wenn er sich wieder und wieder dem Eindruck machenden Wort eines Weisen gegenübergestellt findet. Damit meine ich keinen Salomo oder Sokrates, sondern einfach jemanden, der durch seine langjährigen Erfahrungen mehr Weisheit gesammelt hat als ein junger Mensch. Hier liegt im Zeitlichen ein ähnliches Problem vor, wie wir ihm bei der Grundform im Funktionellen begegnet sind. Dort mußte zum Beispiel durch die Auseinandergliederung der wirtschaftliche oder rechtliche Impuls vor dem Übergewicht des Geisteshelden geschützt werden. Es liegt ja weiterhin in der Natur der Sache, daß der ältere Mensch für die neuen Impulse, die Jüngere mitgebracht haben - und gewiß oft ungestüm und unbesonnen vertreten -, wenig Verständnis hat und haben kann. Wir brauchen dabei noch gar nicht an unsere Nachkriegs-Achtziger zu denken, deren verkalkte Auffassungen Europa zu einem Katastrophenherd machten.

Dieser Zustand verschlimmert sich, wenn die Senioren dann auch noch - was ihrer Fähigkeiten wegen ja oft der Fall ist - die strukturellen Schlüsselstellungen einnehmen. Dann wird ihr Wort praktisch zum Befehl. Man findet sie in einer Schule oft als Vorsitzende der Organe, im permanenten Ausschuß, im Baugremium, als Lehrervertreter im Vorstand, im Lehrplan-Komitee, als Schulvertreter im Bund, als Pate bei einer Neugründung usw. Man denkt, daß sie unentbehrlich sind, sie übrigens meist auch. Dabei geht es hier keineswegs um die jüngeren Kollegen persönlich. An erster Stelle der sozialen Folgen wegen ist hier Vorsicht geboten. Wo eigenen Impulsen kein Raum gegeben wird, entsteht entweder Agressivität oder Unterwürfigkeit. Beide sind für die Entwicklung einer Schule gleich gefährlich, wenn auch erstere mehr ins Auge springt.

Ich weiß, daß ich mit diesen Worten vielen Senioren Unrecht tue. Es gibt wundervolle Weise, solche zum Beispiel, die sich selber mehr und mehr aus Positionen lösen, die aus Weisheit schweigen und die auch in Ämtern niemals die erste Geige spielen wollen. Soll man deren Beitrag entsagen? - Hier tritt uns wieder ein sozialer Grundsatz entgegen. Wir dürfen nicht dem einen erlauben, was wir den andern verbieten. Letztere würden sich gewiß und mit Recht in ihrer Würde verletzt fühlen. Regeln, die Rechtscharakter haben, müssen ohne Ansehen der Person gelten. Genau das macht sie für Geisteshelden, bei denen sich alles um die Persönlichkeit dreht, so verdächtig. Auch sie werden sich aber daran gewöhnen müssen, daß im Sozialen andere Prinzipien herrschen als im Geistesleben oder Wirtschaftsleben. Wir leben ja auch täglich damit. Daß das Bewußtsein von Herrn Faß vom Alkoholgenuß nicht beeinträchtigt wird, macht eine gesetzliche maximale Alkoholpromillegrenze nicht unerwünscht; und auch Herr Faß wird sich (unnötigerweise) daran zu halten haben.

So wäre es gewiß am besten, wenn eine Schule sich selbst die Regel geben würde, daß man sich im Laufe seines 50. Lebensjahres aus allen, außer den rein pädagogischen, Mandaten zurückzuziehen habe. Die historische Situation läßt das aber meist nicht zu. Dann wird es in zunehmendem Maße ein Problem, wie man die Gründer im Zaum hält. Es ist um so schwieriger, weil die Senioren Beiträge leisten können, die für die weitere Entwicklung der Schule(n) lebenswichtig sind, weil sie gerade aus der Qualität des Alters kommen. Sie haben ja die Weisheit wirklich.

Diese Weisheit verläßt unsere betagten Größen aber meist,

wenn sie ihre Wirkung auf die Jüngeren beurteilen. Sie erinnern sich selten, wie sie in jungen Jahren unter dem Druck der damals Alten gelitten haben, als sie seufzend konstatieren mußten, daß man für die Besetzung dieses oder jenes Gremiums um Herrn Seßhaft oder Frau Allwissend nicht herumkommt.

Ich möchte da auf zwei Möglichkeiten, von ihrer Weisheit ohne negative Nebenfolgen zu profitieren, hinweisen.

- Für die Schulbewegung als ganze wäre es von großem Wert, wenn diese erfahrenen Lehrer die jüngere Generation coachen würden, überall, nur nicht die der eigenen Schule. Da nämlich kommt ein guter Rat einem Befehl gleich, auch wenn er nicht so gemeint ist. Da paßt man auf, daß der Mentor die eigenen Schwächen nicht bemerkt. Wer weiß, wie das dann wieder gegen einen verwendet wird? An fremden Schulen ist das ganz anders. Dort ist der Coach wirklich der gute Onkel, dessen Rat einen frei läßt - im Gegensatz zu dem des Vaters. - Das trifft aber wieder nicht zu, wenn der Mentor von der eigenen Schulleitung dem unerfahrenen, pädagogisch schwachen Mitarbeiter aufgedrängt wird. - Hier läge also eine Altersaufgabe, die über das Wirken an der eigenen Schule weit hinaus ginge. Auferlegen kann man sie nicht. Wer wollte schon einen verdienstvollen Pädagogen in seinem Alter zum Nomadentum verurteilen?

- Man kann sich auch an der eigenen Schule mit der eigentlichen pädagogischen Arbeit bescheiden. Hat man diese Weisheit, entdecken die Kollegen, daß man sich wirklich nicht mehr um die Verwaltungsfragen kümmert, daß man sich auch keine Urteile über das Wirken der Kollegen erlaubt, dann wird der eine nach dem andern höchstpersönlich um Rat fragen. Die Altersweisheit kann fruchtbar ausfließen. Man kann da noch einen Schritt weitergehen und dieses für-andere-Dasein organhaft in die Schule einbauen.

Wenn sich eine Waldorfschule gründet, dann stellt sich ein Lehrerkreis - mitunter auch ein zum Umkreis gehöriger Mensch -, der inspirierend tätig ist, ein. Die Initiative wird nicht nur von Menschen getragen. Durch sie wirken geistige Wesen; sehr oft ein Toter, der in der Gründungszeit gestorben ist. Man kann in den Gründern etwas erleben wie ein Idealbild, das vorwegnimmt, was sich auf die Dauer inkarnieren will. Weil sie das Tor sind, durch das die geistige Welt wirkt, ist es tödlich für die Schule, wird einer von ihnen hinausgetrieben. Nur zusammen bilden sie ein Gefäß, wodurch die geistige Welt einem geistigen Anliegen helfend zur Seite stehen kann.

Im Lauf der zweiten, bürokratischen Phase(13)vertrocknet der Strom. Man zehrt, was den ureigenen Impuls betrifft, von der Vergangenheit. Mit der neuen Form werden nun auch die Gründer zum Problem. Sie sind keine Konsolidierer. Es ist ein bekanntes Kapitel aus der Soziologie, aber unbekannt bei den meisten Institutionen, so daß man kaum darauf vorbereitet ist. Zwei Lebensstile treffen aufeinander. In dieser meist recht langen Periode wäre es, auch zu ihrer Überwindung, wünschenswert, wenn sich die Gründer aus ihrer äußeren Willensaufgabe in eine innere, meditative zurückziehen würden. Verlangen darf man das natürlich nicht.

Die Aufgabe würde beeinhalten, daß man das Schulgeschehen zyklisch wie im Bilde an sich vorbeiziehen läßt, und zwar in einer ganz bestimmten Seelenhaltung: Alles, was an Positivem im Schulleben wahrzunehmen ist, sei den Mitarbeitern gedankt. Alles, was schief gegangen ist, eigenen Mängeln zugeschrieben. - Das ist keine Karikatur der Tatsachen. So sehen sie spirituell betrachtet aus. Findet man sich so zusammen, kann das, was zwischen den Gründern zu leben anfängt, eine Schale bilden, in die sich der Inspirationsstrom wieder ergießen kann. Sophia, die *kosmische* Weisheit, hält Einzug.

Man sollte nur nicht erwarten, daß die neuen, fruchtbaren Erkenntnisse sich nun auch in den Kreismitgliedern niederschlagen müssen. Der Kreis ist die Schale *für die Schule* und, was in ihr aufgefangen wird, kann jeden Mitarbeiter inspirieren. Trotzdem wird die regelmäßige Arbeit dahin führen, daß die Mitglieder mehr und Substanzielleres wissen über die Schule und dadurch spiritueller auf die Geschehnisse reagieren können. Hier entsteht die Gefahr, daß sie mehr noch als rein durch ihr Alter ein erdrückendes Übergewicht erlangen. Zu den Bedingungen der Mitgliedschaft so eines Kreises, den man auch einen esoterischen nennen könnte, weil er wirklich keine einzige andere Funktion hat, gehört darum, daß man jedem Mandat, das in der eigenen Schule das Sagen gibt, entsagt. Kein Problem ist natürlich das Lehrer-Sein, kein Problem auch das Mitwirken an interscolären Ausschüssen. - Zweitens sollte in jenem esoterischen Kreis die Besprechung von Lösungen für aufgetretene Probleme der Schule unter allen Umständen vermieden werden. Hier entsteht nämlich die Gefahr, daß hinter einem undurchdringlichen Vorhang ein unbenanntes Kollegium die Schule regieren würde; eine Graue Eminenz auf Grundlage Grauer Magie. Man könnte von dem bösen Gegenbild der Geistesschale sprechen.

Schließlich soll noch etwas über die Mitglieder der Geistesschale gesagt werde. - Dazu ist man keineswegs seiner okkulten Fähigkeiten wegen bestimmt. Nicht alle Gründer sind Genies; manche sind vielleicht sogar beschränkt. Jedoch weil es ein Geistgebilde ist, nimmt man als Geistwesen teil. Da sind wir alle gleich. Ansprüche auf Führerschaft zerstören den Kreis. Die auf der Hand liegenden Teilnehmer sind die alternden Gründer. Man braucht sich nicht unbedingt auf sie zu beschränken. Aber es sollen nicht viele sein. Sicher nicht mehr als etwa zehn. Nicht weil sonst kein meditatives Gespräch mehr möglich wäre; das kennt eigentlich keine Grenzen. Sondern ganz nüchtern, weil man optimale Möglichkeiten schaffen sollte, daß jedes Mitglied wirklich jedesmal dabei sein kann. - Damit sind wir bei einem nächsten Wünschenswerten. - Wenn ein Mitglied aus dem Kreis ausscheidet, weil es die Schule wechselt, weil es in den Ruhestand tritt, weil es stirbt -, suche man einen Nachfolger. Man suche aber jemanden, der dem Wesen des Ausgeschiedenen so viel wie möglich ähnelt, um das unvermeidlich entstandene Loch in der Schale so gut wie möglich zu schließen. Das spirituell Angebrachte wäre, daß der den Platz des Ausgeschiedenen Einnehmende - so weit es in seinen Möglichkeiten liegt - nicht sein Wesen einfließen läßt, sondern das des Ausgeschiedenen vertritt. Natürlich ausschließlich innerhalb des Kreises! Durch so ein Opfer wird der der Geistwelt gegenüber geforderte unpersönliche Charakter des Kreises gefördert.

V.
WALDORFSCHULE
UND WALDORFSCHULELTERN

Das Verhältnis von Eltern und Schule gibt immer wieder Anlaß zu Verstimmungen. Das läßt sich verstehen. Gerade Eltern, die mit dem Staatslehrplan - an öffentlichen oder konfessionellen Schulen - nicht zufrieden sind und dann die Waldorfschule suchen, stehen nicht gleichgültig der Pädagogik gegenüber und haben daher oft das Bedürfnis, den pädagogischen Umgang der Lehrer mit ihren Kindern zu begleiten. Dann werden sie schnell als unbequem, als lästig empfunden und dementsprechend behandelt. Umgekehrt treten Lehrer mit Forderungen (dringenden Bitten) hinsichtlich des Elternhauses auf, die die Eltern in Harnisch bringen können.

Dieses Kapitel soll die Tangenten von Eltern und Schule darstellen und untersuchen, wie die jeweils konfliktträchtigen Standpunkte so behandelt werden können, daß sie, ohne einer der beiden Parteien die Zuschauerrolle aufzudrängen, besprechbar werden. Unser Ausgangspunkt kann dabei nicht sein, wie das an den unterschiedlichen Schulen praktiziert wird. Das ergäbe ein Flickwerk von Mißverständnissen, von Steckenpferden, von Dogmen und Ressentiments. Unser Ausgangspunkt wird wieder die dreigliedrige Struktur der Schule sein und das, was von daher zum Verhältnis zu den Eltern zu sagen ist. Die Ursache vieler Konflikte nämlich liegt nicht im Unwillen oder in der Unangemessenheit einer der Parteien, sondern in der verkehrten Rolle, in die eine verkehrte Struktur die beiden Parteien drückt.

Eine Schule, die sich zum Ziel gesetzt hat, auf der Grundlage anthroposophischer Didaktik und Pädagogik zu arbeiten, sollte ihre Gestaltung von der sozialen Dreigliederung her bestimmen. Sie sollte in ihrem Geistesleben Freiheit, in ihrem Rechtsleben Gleichheit und in ihrem Wirtschaftsleben Brüderlichkeit walten lassen. Von diesem Gesichtspunkt aus lassen sich drei Berührungspunkte mit den Eltern feststellen, die ihrer Art nach sehr verschieden sind. Da eine Schule ihrem pädagogischen Wirken die Daseinsberechtigung entlehnt und dieses zum Geistesleben gehört, wird uns an erster Stelle die dortige Tangentialebene beschäftigen.

Freiheit des Geisteslebens ist durchweg derjenige Teil einer Waldorfschule, der am deutlichsten und am weitesten entwikkelt ist. Ist es damit in Ordnung, dann ist jeder Lehrer frei, was die Art und Weise seiner pädagogischen Aufgabe betrifft. Das bedeutet, daß weder Eltern noch Kollegen und schon gar nicht ein eventueller Vorstand berechtigt sind, Weisungen zu geben. Damit ist der erste potentielle Konflikt gegeben. Am selben Kind arbeiten als Pädagoge sowohl der Lehrer (c.q. die Lehrer) wie auch die Eltern. (Oft noch weitere Personen, wie der Religionslehrer, ein Musiklehrer, ein Sportlehrer, aber die können wir hier außer Betracht lassen.) Das ist für das Schulleben so selbstverständlich, daß man kaum realisiert, daß wir es hier mit einer außergewöhnlichen Situation, wenigstens im nicht-institionellen Leben, zu tun haben. Sie kommt dort nur selten vor. Man könnte zum Beispiel an zwei praktische Ärzte mit demselben Patienten denken. Im allgemeinen sind unsere Erfahrungen, wie mit so einem Spannungsfeld umzugehen ist, gering.

Es ist darum kaum zu vermeiden, daß es Lehrer gibt, die finden, daß ihre pädagogische Arbeit im Elternhaus verdorben wird, wie auch Eltern, die meinen, daß ihr Kind auf der Schule nicht richtig behandelt oder verkannt wird. Das kommt sogar in einer Person vor. Ein ehemaliger Waldorflehrer nannte sein Kind waldorfschulgeschädigt. Durch diesen, dem Schulwesen inhärenten Gegensatz besteht die Gefahr, daß man bis in die Rechtssphäre herunterrutscht: Elternrecht gegen das auf der Annahme des Schülers fußende Recht der Schule.

Der Ursprung des Streites um die Erziehungshoheit liegt weit zurück und kann hier nur angedeutet werden. Mit ganz wenig Ausnahmen war es bis tief ins 19. Jahrhundert Regel, daß jene Gebiete des Geisteslebens, die man als weltanschauliche betrachtete, von der Obrigkeit bindend ausgefüllt wurden. Auf Religionsgebiet herrschte lange das "cuio regio eius religio". Noch länger aber mußte die Erziehung auf ihre Emanzipation warten. Genau genommen ist der Standpunkt an der Schwelle des 3. Jahrtausends noch immer nicht überwunden. Der Staat hat sich das Recht vorbehalten, die Kinder nach eigenem Gutdünken zu kneten, und die Eltern machen es ihm auf den Gebieten, in die er sich nicht selber begeben will, nach.

Die Erkenntnis, die beinahe schamhaft-zaudernd zum Durchbruch kommen will, ist einerseits, daß das Kind Recht auf seine *eigene* Entwicklung hat; daß es nicht angeht, es gesellschaftlichen Mustern oder Desideraten anzupassen oder es auf gesellschaftliche Nützlichkeit abzurichten. Andrerseits ist auch das Verständnis noch im status nascendi, daß die Menschenwürde verletzt wird, wenn wir einen anderen Menschen, in unserem Falle einen Lehrer, zwingen wollen, Kindern etwas beizubringen, das im Gegensatz zu seiner Überzeugung steht. Genau das ist es aber, was die Obrigkeiten und... manche Eltern von den Lehrern fordern. Der Staat stellt Lernziele fest (Abitur und auch andere Examen), und der Lehrer hat dafür zu sorgen, daß das Verlangte gewußt wird. Damit übereinstimmend finden die Eltern, daß ihrem Kind dies oder jenes beigebracht werden muß, ohne sich die Frage zu stellen, ob das dem pädagogischen oder auch inhaltlichen Gewissen des Lehrers gemäß ist, ob das, was hier verlangt wird, die persönliche Entwicklung des Schülers günstig oder ungünstig beeinflußt, ob der Lehrer den Lehrinhalt auch vertreten kann, ob schließlich die zum Erreichen des Zieles geforderte Denkmethode sich pädagogisch verantworten läßt. Es sind heute erst einige Pioniere, die sich mit diesem Fragenkomplex beschäftigen.

Die heutige Erziehungspolitik dürfen wir aber nicht (mehr) der rückständigen Theorie in die Schuhe schieben, daß Spezialisten am besten imstande sind zu beurteilen, was ein Schüler nötig hat. So war es noch in der ersten Hälfte unseres Jahrhunderts. Heute geht man davon aus, daß der Mensch eine Art Maschine ist, die gut programmiert werden muß, um gewisse makro-soziale und insbesondere makro-ökonomische Resultate zu erreichen. Die von der Obrigkeit sorgfältig selektierten Spezialisten haben eine ganz andere Funktion als früher bekommen. Sie sollen jenen unverbesserlichen "Primitiven", die den Menschen noch als ein Individuum betrachten, Sand in die Augen streuen. In dieser Weltanschauung besteht Wahrheit gerade so wenig wie in der Computerwelt. Wahr ist, was ein gegebenes Ziel zu erreichen hilft. Ein Abgeordneter, der Lehrinhalte feststellt oder feststellen läßt, unterscheidet sich nicht grundsätzlich von O'Brian aus Orwells *1984*: "Wenn die Partei sagt, daß zweimal zwei fünf ist, dann *ist* zweimal zwei fünf."

Diese Erörterung war nötig, nicht an erster Stelle, um das radikal andere der Waldorfpädagogik deutlich zu machen - dazu gibt es Berufenere -, sondern wegen des herrschenden Unverständnisses für das, was daraus an Folgen hervorgeht. Man spricht da von Erziehungs*kunst*, nicht um sich eine Tätigkeit höherer Ordnung zuzumessen, sondern um deutlich zu machen, daß genauso, wie der Künstler sein Kunstwerk nicht aus Regeln und Vorschriften, doch aus höchst persönlichen Einsichten kreiert, auch der Lehrer in dem kreativen Augenblick pädagogischer Tätigkeit vollständig autonom handeln können soll. Es mag jeder Kollege seinen Kopf schütteln über Herrn Schulz, doch nicht einer hat das Recht, ihn zur Ordnung zu rufen. Außer... aber das kommt später. Und wenn nun Herr Schulz grobe pädagogische Fehler macht? Das ist gewiß gut möglich, aber es gibt keine Instanz, die berufen wäre, darüber zu urteilen. Das (reine) Geistesleben kennt keine Richter, auch kein Schriftgelehrtentum; auch nicht das von Steiner - es sei denn die ihm zugeschriebene goldene pädagogische Regel: Fehler machen ist nicht schlimm, wenn man sie aus Überzeugung macht. Die erziehende Kraft innerlicher Überzeugung hat pädagogisch mehr Bedeutung als schematisches Wissen (Wahrheiten).

Mit dieser Autonomie des Waldorflehrers kollidieren nun die Eltern. "Es ist *mein* Kind, und *meine* pädagogische Überzeugung sagt mir, daß dieser Lehrer mein Kind verkehrt behandelt." Nach dem Obenstehenden ist es klar, daß es nur eine Instanz gibt, an die sich die Eltern wenden können: den Missetäter selber. Ist der nicht zu überzeugen, dann ist man am Ende der Möglichkeiten. Es ist kaum ein Trost, daß diese Autonomie des Lehrers, sogar in noch stärkerem Maße, auch im Verhältnis zu den Kollegen gilt. Die dürfen, ungebeten, nicht einmal guten Rat an den Lehrer herantragen. Ein permanenter Ausschuß oder gar der Vorstand würden die beiderseitigen Emotionen erhitzen, wenn die pädagogische Beschwerde der Eltern auch nur in Empfang genommen wird. Nicht imstande einzugreifen, werden dann beruhigende Tiraden auf die Eltern losgelassen, die sie auf die Dauer "fuchsteufelswild" machen. (Das schließt natürlich nicht aus, daß es weise von einem Lehrer sein kann, der viele Beanstandungen von Eltern bekommt, sich einmal in Vertrauen an einen Kollegen zu wenden: Stimmt bei mir etwas nicht?)

Die Eltern, die ihr Kind auf eine Waldorfschule bringen, sollen wissen - und es ist gut, wenn man darüber von Anfang an ganz deutlich ist -, daß es für ihre pädagogischen Probleme nur pädagogische Partner, keine Rechtsinstanz gibt. Es sei denn... Aber sie sollen auch wissen, genauso deutlich, daß diese Situation auch umgekehrt gilt: Wie das Kind zu Hause erzogen wird, das entscheiden in höchster Instanz die Eltern. Es sei denn...

Bevor wir auf das dreifache "Es sei denn" eingehen, sei erst noch etwas zur doppelten Erzieherschaft bemerkt. - Die Unbeholfenheit im Umgang mit dem hier besprochenen Problem hat zu vielen Experimenten geführt. Da gibt es sehr zweifelhafte Blüten, den Elternrat zum Beispiel. Was man sich hier einfallen ließ, ist zu viel dem Demokratischen nachgedacht, und dieses taugt für das Geistesleben überhaupt nicht. Da haben ja, etwas überspitzt gesagt, immer Minderheiten recht. - Daß sowohl Lehrer wie Eltern autonom sind, steht Beratschlagungen nicht im Wege. Daß der Lehrer diese herbeiführen soll, liegt sogar in der Struktur der Waldorfschule verankert. Der Hausbesuch, der leider nur zu oft unter dem Zeitdruck leidet, soll nicht nur ein Bild verschaffen der häuslichen pädagogischen Atmosphäre, er gibt auch die Möglichkeit, bei Wahrung der beiderseitigen Autonomie, pädagogisch Wünschenswertes zu besprechen. Der Elternabend sollte, wie schon erwähnt, primär den Bedürfnissen von Eltern *und* Lehrern gewidmet sein, also eine Art Wirtschaftsgeschehen darstellen. Es sollte vermieden werden, die Prinzipien der Pädagogik zu behandeln oder die pädagogischen Probleme eines konkreten Kindes anzugehen. Es kann aber praktisch sein, wenn Gelegenheit gegeben werden kann, daß Eltern mit Fachlehrern, die ja nicht auf Hausbesuch gehen, über ihr Kind sprechen. Daß diese strukturell veranlagten Beratungsgelegenheiten nicht immer zweckentsprechend sind, möge für die Eltern ein Grund sein, an ihrem Aufbau kräftig mitzuwirken. Stößt man auf Unwillen von seiten des Lehrers, oder füllt dieser die Zeit mit allgemeiner Rederei, dann liegt ein Grund vor, sich bei dem Rechtsorgan zu beschweren: Der Lehrer verletzt die schuleigene Struktur. Wir berühren hier eines der "Es-sei-denn...". Der Lehrer möge pädagogisch autonom sein, das gibt ihm keineswegs das Recht, sich über die Schulstruktur hinwegzusetzen. Wir kommen darauf zurück.

Ob die pädagogischen Gespräche von Eltern und Lehrern ein Resultat zeitigen, hängt oft von den sozialen Fähigkeiten ab. Wir dürften doch wohl davon ausgehen, daß keine der beiden Parteien das Kind zum Opfer des Konfliktes machen will? Und gerade der gute Pädagoge sieht oft Möglichkeiten, Elternwünschen entgegenzukommen, weil er über genügend Instrumente verfügt, eventuellen schädlichen Folgen zu begegnen. Der schwache Pädagoge hat viel eher die Neigung, in seiner Verzweiflung seine Autonomie zum Machtmittel zu erheben.

Ich möchte ein Beispiel aus der Praxis geben. - Eine Mutter, langjährige Anthroposophin, ist, um ihren Kindern Waldorferziehung zu schenken, nach N umgezogen. Sowohl die Motivation wie auch das Wissen um die Hintergründe der Waldorfpädagogik waren da. Ihr Sohn Simon ist sehr schwerhörend, sonst normal. Der Lehrer weist Simon einen Platz neben einem tauben Jungen an. - Dann steht die Mutter vor der Tür mit der dringenden Bitte, ihrem Sohn einen anderen Platz zu geben. Um die Stunden aufnehmen zu können, müsse er sehr konzentriert zuhören. Und das wird ihm unmöglich gemacht, wenn sein Nachbar immer dazwischenfunkt: "Was hat er gesagt?" Die Mutter findet es pädagogisch nicht zu verantworten, ihrem Kind, außer der eigenen körperlichen Behinderung auch noch die von dem tauben Jungen aufzubürden. Der Lehrer sieht das ganz anders. Gerade dieser Platz ist für Simon der pädagogisch richtige, denn niemand kann mehr Verständnis für einen Tauben haben als ein Schwerhörender. Und im übrigen: Das Pädagogische umfaßt mehr als das, was durch das Ohr geht. Der Konflikt eskalierte. - Wer recht bekam, ist hier unwichtig.

Wichtig ist, daß zwei pädagogische Auffassungen da waren, die einander ausschlossen. Im äußersten Fall führt das dazu, daß das Kind die Schule verläßt.

Könnten sich nicht Eltern verbinden, um in gewissen Fällen miteinander Schritte zu unternehmen? Zum Beispiel wenn eine Schwäche eines Lehrers ganz allgemein gefühlt wird? Liegt hier vielleicht eine Aufgabe für Klasseneltern? Man würde vom Regen in die Traufe kommen. Jedes Kind ist einmalig, und darum können Eltern nur für ihr eigenes Kind eintreten. *Pädagogisch* gehen die anderen Schüler sie nichts an. Und wer wirklich im Geistesleben steht, wird ärgerlich, wenn die Macht der Masse die Argumente ersetzen soll. Aber es spricht nichts dagegen, wenn Eltern einander helfen, um die Schwellenangst zu überwinden: "Sprechen Sie doch einmal mit Herrn Quer und machen ihn auf Ihre (nicht auf unsere!) Bedenken aufmerksam. Ich tue es auch."

Ganz anders begegnen einander Schule und Eltern auf dem Rechtsgebiet. Es ist ein unterentwickeltes Gebiet, das sich meist im unrichtigen Augenblick und auf unrichtige Art Geltung verschafft. Die Spitzfindigkeiten, deren man sich im Konfliktfalle gerne bedient, gehören genauso zur Peripherie des Rechtes wie die am Rande des Schwindels gelegenen Tricks auf dem Wirtschaftsgebiet. - Die Eltern haben ein dreifaches Rechtsverhältnis zur Schule und sollten sich dessen bewußt sein.
1. Bringt man sein Kind in die Schule, dann liegt dabei ein (mündlicher oder schriftlicher) Vertrag zugrunde. Wahrhaftig nicht nur über die Höhe des Schulgeldes! Er ist an erster Stelle eine Willenserklärung. Die Schule verspricht, sich auf pädagogischem Gebiet für das Kind einzusetzen. Die Eltern versprechen ihren Einsatz, um die Erfüllung der Schulverpflichtung zu ermöglichen. Nur *ein* Teil davon sind die Elternbeiträge. Kind *und* Eltern werden durch den Vertrag Mitglied einer Organisation und haben sich dieser anzupassen. Welche besonderen Verpflichtungen die Schule dabei auferlegt, sollte jede Schule für ihre eigene Organisation ausarbeiten, in einer Schulordnung festlegen und von den Eltern *vor* Annahme des Kindes unter-

schreiben lassen. Was beim Aufnahmegespräch alles *bespro-chen* wurde, möge formell einem schriftlichen Vertrag eben-bürtig sein. Im Falle eines Konfliktes, so lehrt die Praxis, werden Verabredungen stahlhart bestritten, von beiden Seiten.

So ein Vertrag ist weder eine Lappalie noch eine einseitige Angelegenheit. Gewiß können Eltern nicht erwarten, daß die Schulordnung für sie und ihre Kinder geändert wird. Doch sie entlehnen diesem Vertrag Rechte, und wäre es nur, daß sie in allem, das nicht vertraglich geregelt ist, frei sind. Es sollte nicht vorkommen, daß die Schule später mit ergänzenden Forderun-gen kommt. Eltern können sich dagegen mit Erfolg wehren. - Diese Schulordnung betrifft auch und vor allem die Forderun-gen, die die Schule an das Benehmen des Schülers außerhalb des Schulgebietes stellt: Rauchen, Fernsehen, Drogen, um ein paar Aktualitäten zu nennen. Auch soll genau angegeben wer-den, zu welchem Zeitpunkt und aus welchen Gründen der Er-ziehungsvertrag beendet werden darf. Ich habe miterlebt, daß man Schüler ihrer lästigen Eltern wegen von der Schule verwei-sen wollte: Ob man sich das in einen Vertrag aufzunehmen trauen würde? Man denke ferner an Änderungen der Schulord-nungen. Ein Vertrag, auch ein solcher, zu dem eine Schulord-nung gehört, ist eine Zweiparteienangelegenheit, die nicht von der einen selbständig geändert werden darf - obwohl die Schu-len oft davon ausgehen. Will man die Schulordnung ändern, so ist man, was die alten Eltern betrifft, auf die Zustimmung von jedem einzelnen Elternpaar angewiesen.

Es ist ein heikles Thema. Wir müssen nämlich sorgfältig Ordnungsmaßnahmen von pädagogischen unterscheiden. Bei letzteren soll optimale Freiheit herrschen, wenn auch keine ab-solute, wie wir unter 2. noch sehen werden. Aber wie oft werden Ordnungsmaßnahmen nicht pädagogisch verpackt? Ich habe ein Lehrerkollegium miterlebt, das sich vom Schulbe-gleitungsdienst bestätigen ließ, daß die Einführung des freien Samstags pädagogisch erforderlich sei. In Wirklichkeit pro-bierte man, die Überanstrengung der Lehrer in Schranken zu halten. Ob aber pädagogisch oder nicht: für die *Eltern* ging es hier um eine Ordnungsmaßnahme, die in ihr häusliches Leben eingriff und die man nicht einseitig ändern darf. Im übrigen: Die pädagogische Zuständigkeit hört an der Grenze des Schulgeländes auf - so nicht im voraus anders übereingekommen. Auch ein pädagogisches Verlangen - zum Beispiel nach acht Uhr nicht mehr fernsehen -, das nicht bei der Annahme des Schülers konditioniert ist, kann nicht hinterher noch auferlegt werden.

Nun höre ich Scharen von Lehrern empört ausrufen: "So kann man nicht arbeiten, das ist ja die reinste Juristerei!" Letzterem kann ich sogar zustimmen, wenn es nicht mit einer negativen Bedeutung beladen wird. Ersterem übrigens auch... - Das Recht ist der Hüter des anderen. Es gehört, wie ja allgemein bekannt ist, zu der menschlichen Eigenart, daß man gerne, wenn nicht gar ausschließlich, an sich selbst denkt, egal, ob es sich dabei um persönlichen oder Gruppenegoismus handelt. Das Recht aber kann, wenn man zum Beispiel den freien Samstag will, Anlaß sein, sich in die Gefühle einer alleinerziehenden Mutter zu versetzen, die samstags eine Ausbildung macht. Oder in die jener, die endlich eine Stellung gefunden hat, die um halb neun anfängt, so daß sie ihr Kind davor noch zur Schule bringen konnte. *Sie* wird es vielleicht sein, die ausruft: "So kann man nicht arbeiten!", wenn der Schulanfang auf halb neun verschoben wird. - Gewiß wird die Schule gute Gründe haben, ihre Ordnung zu ändern. Warum aber sollten die Belange der Schule höher eingestuft werden als die der Eltern?

Ich habe den Eindruck, daß viele dieser Konflikte vor den Richter gebracht werden *könnten* - und das erst macht den Vertrag zum Recht. Rechtsregeln ohne Rechtsweg sind Diktatur. Nicht daß ich Prozesse wünschenswert fände. Im Gegenteil. Deren Möglichkeit aber dürfte manchen Exzessen vorbeugen.

2. Der Freiheit, die das Geistesleben dem Lehrer verleiht, sind von außen her Grenzen gestellt, und sogar doppelte. Da gibt es an erster Stelle Gesetze und Bestimmungen mit Gesetzeskraft, denen die Schule und die Eltern zu gehorchen haben. Wir brauchen darüber nicht lange zu reden. Es mag einem Lehrer höchste pädagogische Weisheit sein, einem lügenden Schüler die Zunge herauszureißen, die Gesellschaft stellt sich mit ihrem Strafrecht schützend vor das Kind. Jeder Bürger kennt den Weg zum Staatsanwalt, zum Schulinspektor, zum bürgerlichen Richter. - Auf diesem Gebiet sind Konflikte selten. Sollte doch

einmal ein Lehrer eine Ohrfeige verabreichen oder zudringlich werden, dann wird man das als einen Fehltritt, nicht als eine pädagogische Freiheit werten.

Interessanter sind die Fälle, in der die Schule mit ihren eigenen Satzungen zusammenstößt. Auch dann können die Eltern, übrigens auch andere, den Rechtsapparat beanspruchen, da sie davon ausgehen durften, daß die Schule sich an ihre Statuten hält. Ein eigenes Richtergremium - siehe Kapitel 3 - könnte da sehr behilflich sein, denn der bürgerliche Richter ist wirklich überfragt, wenn er in der Satzung liest, daß diese Schule ihre Tätigkeit auf die Pädagogik Rudolf Steiners gründet und dann entscheiden soll, ob Anthroposophie in der Klasse, Mehrantwortfragen oder programmierter Unterricht darunterfällt.

3. Schließlich ist es auch möglich, daß bezüglich eines individuellen Schülers mit den Eltern Verabredungen getroffen sind, die die Schulordnung durchbrechen. Solche Wünsche sollten sogleich beim Aufnahmegespräch erörtert und festgelegt werden. Es kann da um sehr unterschiedliche Sachen gehen. Vielleicht wünscht man abweichende Ferien, weil der Hauptverdiener seinen Urlaub in einer anderen Zeit nehmen muß, oder man erbittet einen freien Montagmorgen im Monat, weil der Schüler dann seinen weit weg wohnenden Vater besucht. Man kann auch ausmachen, daß der Schüler nicht zu irregulären Zeiten in die Schule gehen muß (nachsitzen!), wenn diese mit seinen Musikstunden zusammenfallen sollten. Es sind eigentlich alles Selbstverständlichkeiten, aber wenn sie nicht im voraus schwarz auf weiß festgelegt werden, dann ist der Gedanke keineswegs abwegig, daß, wenn, vielleicht aus ganz anderen Gründen, eine Konfliktsituation entstanden ist, das Selbstverständliche gar nicht mehr selbstverständlich ist.

Zum Schluß sei auch über die Rechtsebene gesagt, daß es um ein individuelles Verhältnis von Eltern und Schule geht. Darum ist auch auf diesem Gebiet alles, was Gruppenbildung von Eltern angeht, ein Fremdkörper, auch wenn er von der Obrigkeit gefordert werden sollte. Solange Eltern nicht gezwungen werden, ihre Kinder in eine bestimmte Schule zu schicken - zum Beispiel in die in ihrem Viertel gelegene -, muß die Verpflichtung, einen Elternbeirat zu gründen, dem das Recht verliehen ist, in die Rechtsordnung der Schule einzugreifen, als Rechtsmißbrauch bezeichnet werden. So ein Rat würde dann Beschlüsse fassen, für deren Folgen er die Verantwortung nicht trägt (siehe Kapitel 2).

Unter den heutigen Schulgewohnheiten haben Eltern recht wenig mit dem Wirtschaftsleben der Schule zu tun. Sie bezahlen ihren Elternbeitrag - eine Rechtsfrage! -, und damit fühlen sie sich von den Schulproblemen (und die Lehrer von den Elternproblemen...) befreit. Nur in der Gründungszeit, bei der Schule im Aufbau, ist das meistens anders. Und manchmal in Krisensituationen! Dann werden die Eltern aufgerufen, die Probleme mehr oder weniger vollständig dargelegt, wenn es um Geld oder Materialhilfe geht, ein Appell an ihre Spendenfreudigkeit getan. Sollten aber Aufregendes, sensationelle Geschehnisse - leider - an die Öffentlichkeit gekommen sein, dann wird die Stimmung eisig. Mit einem "Legt euch ruhig schlafen!" wird die Tür zum Wirtschaftsleben zugeschlagen.

In einer dreigliedrigen Schule sollte das anders sein. Da sollte sich ein assoziatives Leben entwickeln, an dem *alle* Interessenten an der Schule teilnehmen dürfen und das sein Zentrum in dem im 1. Kapitel behandelten Wirtschaftsorgan findet. Dahinein gehören ja an erster Stelle die Eltern mit all ihren Wünschen, insoweit diese die Schule (und nicht nur ihr Kind) betreffen. Wenn dieses Organ funktioniert, dann dürfte dem Wunsch, in einem Elternrat mitzureden, die substantielle Basis entzogen sein. Gewiß geht es für Eltern um eine bezahlbare Schule. Aber das Finanzielle ist in wirtschaftlicher Beziehung keineswegs die Hauptsache. An erster Stelle geht es um die Bedürfnisse, ob und wie denen begegnet werden kann. Das Finanzielle hat sich dem anzugleichen. Unterricht ist ja schließlich kein Brötchen, das für einen festen Preis über den Ladentisch geht.

In so einem Wirtschaftsorgan nun gehören die Eltern zusammen, bilden eine Gruppe, die in den beiden anderen Gebieten unerwünscht ist. Sie haben nämlich ein kollektives Interesse daran, daß die Schule da ist. Niemand kann eine Schule eigens für sein Kind haben. Die anderen Schüler, also auch die anderen Eltern, machen es überhaupt erst möglich, daß mein Kind diese Schule besucht. In Zusammenklang vieler Wünsche und Bedürfnisse, in einem andauernden Geben und Nehmen entsteht erst die Möglichkeit, eine Schule nutzbar zu machen.

Im Kapitel 7 ist wenigstens andeutungsweise ein Modell, das dieser Tatsache gerecht würde, gegeben: Eltern, die den ganzen Apparat, einschließlich der Finanzierung, verwalten und in Unterhandlung mit Lehrern treten, die bereit sind, der Schule ihren (pädagogischen) Inhalt zu geben. Wie utopisch so etwas heute auch klingen mag, es könnte schneller Wirklichkeit werden als wir ahnen. Nimmt der Würgegriff des Staates, auch und gerade auf das Inhaltliche, weiter zu, dann werden die Waldorfschulen vor dem Dilemma stehen: die oben angedeutete Struktur oder Staatssklaverei. Wir können es auch von der Geldseite her sagen: Das größte Hindernis, eine Schule so zu strukturieren, daß sie in Übereinstimmung mit der wirtschaftlichen Wirklichkeit ist, scheint die Förderung zu sein. Was sich als Subvention unter Bedingungen in die Schule ergießt, ist erst den Eltern und Schenkern als Steuern abgenommen und setzt jetzt die Schule instand, sich den Eltern gegenüber selbständig aufzustellen (siehe dazu meinen *Kommentar zum Spendenaufruf für die Lehrerausbildung in Osteuropa* in *Erziehungskunst* 1990/2). Ich betrachte das als genauso gefährlich wie den direkten Zugriff des Staates auf die Unterrichtsfreiheit. Eine von den Konsumenten unabhängige Schule kann sich jedes Steckenpferd leisten.

Es geht auch anders, wie sehr man das auch in allen Tonarten verneint, und ich möchte da auf ein Beispiel hinweisen. Die Eltern einer heilpädagogischen Tagesschule - die Karl König Schule in Nürnberg - wollten ein Dorf für ihre zukünftigen erwachsenen Behinderten. In enger Zusammenarbeit mit den Lehrern haben sie die Förderung, wozu sie berechtigt waren und die auch angeboten war, abgewiesen. Sie haben die Verantwortung für die Finanzierung übernommen und in einer beispiellosen Anstrengung Arbeits- und Geldbeiträge zusammengebracht. Daß der Aufbau des Dorfes fernerhin in ganz enger Zusammenarbeit mit den künftigen Betreuern zustande kam, weil dem Leben in so einem Dorf ja das anthroposophische Menschenbild zugrunde liegen soll, wurde dadurch ermöglicht.

Das wirtschaftliche Zusammenwirken der Eltern mit den Lehrern sollte beiderseits von einem wirtschaftlichen Bewußtsein getragen werden. Wir wollen an eine alltägliche Erfahrung anknüpfen. Ich kann meinem Gemüsehändler zwar nahelegen, (auch) biologisch-dynamisches Gemüse zu verkaufen. Tut er es nicht, mache ich doch keinen Krach mit ihm? Ich stehe dann vor einem allgemeinen Konsumentendilemma: mich mit seinen gespritzten Waren begnügen oder am anderen Ende der Stadt einkaufen; oder auch - tertium datur! - mit anderen Interessenten dafür sorgen, daß im eigenen Viertel ein Laden für biologisch-dynamische Waren entsteht. - Ganz geht der Vergleich aber nicht auf. Es wäre zynisch, Eltern diese dritte Möglichkeit auszumalen. Wir wissen doch, daß die Einrichtung von Nicht-Staatsschulen beinahe unmöglich ist, es sei denn, man will eine anerkannte Waldorfschule. Und die wollen unsere hypothetischen Eltern ja gerade nicht. Aber es ist gut, sie darauf aufmerksam zu machen, daß die Unlösbarkeit ihres Problemes nicht durch die starre Haltung der Schule, sondern durch den Staat verursacht wird. Es ist ebenfalls gut, dieser Zwangssituation der Eltern Rechnung zu tragen und den Eltern entgegenkommender zu begegnen, als es sonst nötig wäre.

Ich habe oben die drei Berührungsebenen von Eltern und Schulen anzudeuten versucht: auf den Gebieten des Geistes-, des Rechts- und des Wirtschaftslebens. Die Qualität der Begegnung erschien jedesmal als eine andere. Dabei wurde nicht gesprochen über die vielen Elterngruppen, die sich vor allem um junge Schulen bilden und die Aufgaben der Schule übernehmen. Die würden erst ihre richtige funktionelle Bedeutung erlangen in jener alternativen, von Eltern verwalteten Schule. Heute ruht eine gewisse Tragik auf ihnen. Es sind entweder Delegationen, die der Selbständigkeit republikanischer Mandate entbehren: Die Schule entscheidet, daß gewisse Tätigkeiten von Eltern verrichtet werden dürfen. Sie kann jederzeit eingreifen, sie beenden etc. - und tut letzteres oft, sowie die Aufgaben von eigenen Mitarbeitern übernommen werden können. Die Eltern fühlen sich dann hinausgeschoben. Oder es geht um wirkliche Eigeninitiativen, die sich dann aber mehr oder weniger außerhalb der Schule abspielen, wie zum Beispiel das Veranstalten eines Basars, von dem dann der Ertrag der Schule zufließt. Wie positiv man diese Hilfestellungen auch werten möge, sie ersetzen nirgends die Gespräche, die auf den drei Teilgebieten der Schule zwischen Lehrern und Eltern gewagt werden sollten.

VI.
WALDORFSCHULE UND FÖRDERUNG

Global gesprochen hat eine Waldorfschule drei Einkommensquellen: die Schulbeiträge, die von den Eltern kommen, die freien Schenkungen, die von einer Vielfalt von natürlichen und Rechtspersonen gegeben werden, und die Gelder, die Staat oder Länder zur Verfügung stellen. Man könnte noch eine vierte hinzufügen: die Lehrer, die, um diese Pädagogik in die Welt zu stellen, sich mit einem im Vergleich zu dem, was sie in ähnlicher Stellung und mit ähnlichem Zeitaufwand an anderen Schulen verdienen könnten, niedereren Einkommen begnügen.

Dem Entwurf der Waldorfschule liegt zugrunde, daß sie aus freien Schenkungen finanziert wird. Steiner dachte dabei hauptsächlich an industrielle Überschüsse; Gelder übrigens, die zwar vom einzelnen Betrieb her und unter der heutigen Gesetzgebung gewiß Schenkungen sind, makro-sozial aber Vergütungen der Wirtschaft als Ganzes an das Geistesleben als Ganzes darstellen. - Die Elternbeiträge sind in den meisten Fällen bereits Bezahlungen für Leistungen. Wie viele Eltern bezahlen weiter, wenn ihre eigenen Sprößlinge die Schule verlassen haben? Durch die Art der Leistungen sind sie gezwungen, nicht nur die Stunden, die ihre Kinder bekommen, zu bezahlen, sondern den ganzen Betrieb, inklusive der Ausbildung der Lehrer. Sie stellen logischerweise dann auch Forderungen an die Schule. - Diese Forderungen treten unverhohlen in den Vordergrund, wenn der Staat die Schule fördert. Es werden Bedingungen gestellt, die oft so gegen die Prinzipien der Waldorfschule verstoßen, daß diese nicht weiß, wie sie sich drehen und wenden soll, um das Geld zu bekommen und trotzdem ihr Ziel nicht (all zu sehr) zu verraten.(14)

Von der Dreigliederung her ist Staatsförderung von Übel. Ich behaupte das auch entgegen jener Auffassung, daß der Staat ja nur wieder austeilt, was er erst durch Steuern den Eltern abgenommen hat, und daß also die Schule - und durch sie die Eltern - mit der Förderung nur bekommt, was ihr zusteht. Das ist gewiß makro-sozial richtig, nimmt aber auf institutioneller Ebene den bösen Einfluß, der durch die Wiederverteilung entsteht, nicht weg. Ich möchte sogar die These aufstellen, daß staatliche Förderung nie fördert, das heißt der Schule mehr Schaden als Nutzen bringt. Nur wenn der Schüler öffentlich-rechtlich ein Anrecht auf einen Bildungsbonus hätte, der ihm Zugang gibt zu jeder von ihm gewünschten Schule - gewiß: wenn die Schule ihn aufnehmen will -, darf man dem Staat die Rolle des Kassierers ohne Gewissenbisse überlassen.

Damit will ich keineswegs sagen, daß man Förderung unbedingt abzulehnen hätte. Es sollte in jedem einzelnen Fall eine Abwägung von Alternativen vorgenommen werden. Es kann Mut dazu gehören, Förderung anzunehmen, wie auch "schlecht mit den Schlechten" zu sein. Von so einer Abwägung habe ich selten etwas vernommen. Mein Eindruck ist, daß man die Förderung, aus begreiflichen Gründen übrigens, geradezu herbeisehnt: "Wir haben sie endlich bekommen!"; daß man von vornherein schon bereit ist, sein Erstgeburtsrecht für eine Schüssel Silberlinge zu verkaufen; daß es manchmal gar nicht unwillkommen ist, wenn der Staat durch seine Vorschriften die Schule vor schwierigen Alternativen bewahrt.

In den Niederlanden zum Beispiel erhält man Förderung nur, wenn man sich als Verein, Stiftung oder Kirchenschule formiert oder eben als Staatsschule. Das schließt aus, daß man als Gesellschafter auf eigenes Risiko die Schule betreibt - und verleiht mit dem Beamtenstatus (Pension!) und der Förderung Sicherheit. Danke für die Vorschriften, lieber Staat! Als Stiftung oder Verein hat man dann einen Vorstand, und die Mitarbeiter stehen im Arbeitnehmerverhältnis. Das garantiert die Zucht von außen, und jeder kann den Arbeitsschutz für sich selber in Anspruch nehmen. Danke für die Vorschrift, lieber Staat! Der Staat anerkennt die eigene Lehrerausbildung der Waldorfschulen, wenigstens für die eigenen Schulen. Das gibt dem Bund ein Monopol für die Ausbildung. Es führt zu einem de facto-Zwang, sich beim Bund anzuschließen, und zu der Möglichkeit, über den Bund den Duktus der Schulen und Seminare zu bestimmen. Das gibt Ruhe im Haus. Danke schön, lieber Staat! So könnte man noch eine Weile weitermachen.

"Es geht ja nicht ohne Förderung!" Diese überall gehörte These wäre wohl erst unter Beweis zu stellen. Gewiß, wenn der Neubau mit Schulden finanziert ist, sitzt man im goldenen Käfig. Und wenn die Mitarbeiter sich an das Wohlstandsgehalt gewöhnt haben, gilt das gleiche. Darum ist Umstellung recht schwierig. Aber mit der Kurzschlußrechnung, daß der Förderungsbetrag, der mehr als nötig sei, nicht von den Eltern erbracht werden kann, ist noch sehr wenig gesagt. Ich möchte da eine Erfahrung einschieben, wenn sie auch keine Schule, sondern ein heilpädagogisches Heim betrifft. Sie liegt schon viele Jahre zurück, und vielleicht müßten die Ziffern heute verdreifacht werden, aber wir sprechen ja nicht über Geldentwertung. - Nun, in diesem Heim berechnete man den Tagessatz pro Bett auf Hfl.16,50. Wie ich aus manchen eigenen Besuchen weiß, ging es dort sicher nicht ärmlich her. Die äußerliche wie innerliche Versorgung war beispielhaft. Nun geschah es eines schlechten Tages, daß sich die Möglichkeit der Förderung ergab. Man konnte der Verführung nicht widerstehen, und... innerhalb eines guten halben Jahres war der Tagessatz pro Bett auf Hfl.78,- geklettert, beinahe auf das Fünffache. - Für diejenigen, die zwei Jahre später dort lebten, waren all die vom Staat bezahlten Überflüssigkeiten zu den Notwendigkeiten geworden, ohne die, wie man sich einbildete, nicht mehr zu arbeiten wäre.

Ich will ja nicht behaupten, daß ohne Förderung der Haushaltsplan der Waldorfschulen auf ein Fünftel zu senken wäre. Aber das ohne Förderung entstehende Dezifit als ein gegebenes, von den Eltern zu berappendes Loch zu betrachten, stimmt auch wieder nicht. Die Erfahrung der sehr wenigen ungeförderten Schulen in Deutschland sowie der sehr vielen in England spricht eine andere Sprache. Die Schule in Wernstein brachte es sogar ohne Elternbeiträge fertig. Sie bat um freie Schenkungen, davon ausgehend, daß wenn die Eltern die Schule wirklich wollen, sie auch dafür sorgen würden, daß die Lehrer leben können. Und weil deshalb die Eltern ihre Kinder jederzeit von der Schule nehmen konnten, bedeutete es auch, daß man sich täglich wahrmachen mußte. Auch hier wieder dürfen wir sagen: Weil das Sterben eingebaut war, lebte die Schule.(15)Ich sage damit nicht, daß es ohne Förderung oder sogar ohne Schulgeld geht, ich sage nur, daß die Lebensbedingungen einer wirklich freien Schule noch kaum untersucht sind.

Es wäre übertrieben zu sagen, daß Förderung und eine dreigegliederte Schule sich nicht vertragen. Das Funktionieren der Waldorfschule in Pforzheim sowie der (damals) dreigegliederten Schule in Amsterdam beweisen das Gegenteil. Man darf jedoch behaupten, daß da, wo Schulen ohne Förderung leben (müssen), wie von selbst einer dreigliedrigen Struktur zugestrebt wird. Wernstein ist ein Beispiel, unsere Schule für lernbehinderte Kinder in Bergen ein anderes. Ist man sich aber nicht täglich des Einflusses der Förderung bewußt, dann pervertiert das Leben einer Schule in schnellem Tempo, das heißt, man fängt an, das Ungesunde das Gesunde zu nennen.

Darum sollte man das Akzeptieren von Förderung nicht als etwas Selbstverständliches nehmen. Man könnte einen feierlichen Akt daraus machen. Nein, nicht ein Dankgebet, sondern ein Gelöbnis jedes einzelnen Mitarbeiters vor seinem eigenen Gewissen, ein heiliges Versprechen jedes einzelnen allen Mitarbeitern gegenüber und eine feierliche Erklärung der Schule als Institution, daß man jede Förderungsbedingung, die das Institutionsziel - Rudolf Steiner-Pädagogik - schädigt, abweisen werde, und wenn das den Bankrott bedeuten würde! So, wie das übrigens einem privaten Förderer gegenüber mit einer gewissen Selbstverständlichkeit geschähe. Um einem in einer Notsituation sich weitenden Gewissen vorzubeugen, sollte dann jedem einzelnen Mitarbeiter der Weg zum Richtergremium freistehen. Man könnte das noch unterstützen mit dem Mut zu einem Rechtsgang, auch wenn ein Prozeß hoffnungslos aussieht, auch wenn damit das gute Verhältnis zu den Behörden strapaziert wird, auch wenn der Bund nicht einverstanden sein sollte (siehe Anhang A). Allein schon um der damit einhergehenden Publizität willen sollte man jede richterliche Instanz bemühen, bis zum Verfassungsrichter, bis Straßburg. Man sollte von der ganzen Waldorfschulbewegung, international, eine Streikkasse als Solidaritätsfond bilden, woraus nicht nur die Gerichtskosten, sondern auch das Überleben der Schule bezahlt werden kann, mindestens, bis der Kampf in höchster Instanz entschieden ist. Sollten schließlich alle Stricke reißen, dann wäre eine Fahrt mit 500 oder 800 Schülern ins Ministerium zu erwägen, so daß die Leute hinter ihrem Schreibtisch, die so genau wissen, wie Kinder erzogen werden müssen, die Gelegenheit bekommen, ihre Erkenntnisse in die Praxis umzusetzen.

Ich kenne den Einwand: Man soll Kinder nicht als Waffe benutzen. Einverstanden. Warum aber sollten nicht diejenigen, um die es geht, demonstrieren, daß nicht die Lehrer, sondern die Schüler die Leidtragenden ideologischer Verbohrtheit, amtlicher Besserwisserei und wirtschaftlicher Interessen sind?

VII.
EINE ALTERNATIVE
DREIGLIEDRIGE SCHULSTRUKTUR

Oft fangen Schulen bei den Eltern an. *Sie* suchen eine Waldorfschule für ihre Kinder; *sie* sind aktiv im Finden von Lehrern, von einem Gebäude, von Geld. *Sie* besprechen die Entwicklung Schritt für Schritt mit den Lehrern. Oft ist dann die Enttäuschung groß, wenn sie, plötzlich oder langsam, aus der Schule gedrängt werden. Muß das so sein? Keineswegs.

Man kann sich zwar keine Waldorfschule vorstellen, in der die Eltern mit den Lehrern den pädagogischen Duktus bestimmen. Die Verwaltung des eigentlichen pädagogischen Prozesses, der Erziehung, ist den Lehrern vorbehalten. Warum aber sollten die Eltern die Schule nicht nutzbar machen? Warum sollten sie nicht den Apparat in ihre Verwaltung nehmen? Und von dieser Situation aus mit Lehrern, vielleicht sogar selbstgewählten Lehrern, in Unterhandlung treten, für welche Summe und unter welchen Bedingungen sie ihre pädagogische Aufgabe erfüllen wollen? Das ergäbe eine Struktur, die mehr von der wirtschaftlichen Seite her aufgezäumt ist, von dem Gesichtspunkt aus, daß ohne Bedürfnis nicht produziert werden soll, "nicht einmal Wahrheit" (Rudolf Steiner, GA 190/1971/217).

Ich male die Möglichkeit nicht weiter aus, aus dem einfachen Grund, weil es meines Wissens nach so eine Waldorfschule nicht gibt. Man könnte also nicht von Erfahrungen berichten, und ohne diese bleibt eine Darlegung eine etwas wirklichkeitsfremde Theorie. Um aber spüren zu lassen, daß es sich dabei keineswegs um etwas Abstruses handelt, sei bemerkt, daß in den Niederlanden mindestens zwei Therapeutiken auf dieser Grundlage arbeiten: Die Therapeuten (einschließlich der Ärzte) handeln mit den Patienten, die auch für den Betrieb sorgen, über die Summe, die sie nötig haben, um ihre Arbeit leisten zu können. - Einer Waldorfschule noch näherstehend ist die auf diesem Prinzip fußende Ausbildung für Dreigliederung. Ich will einfach beschreiben, wie diese strukturiert ist (siehe dazu meine *Dreigliederungsausbildung in den Niederlanden*, Info3, 1988/6).

Die Ausbildung dauert zwei Jahre, und jede steht für sich. Kontinuität ist nicht vorgegeben. Den ersten Leuten, die mit einem Wunsch nach einer Dreigliederungsausbildung kamen, wurde gesagt, daß, wenn sie eine wollen, sie selber dafür sorgen müssen: für Studenten, Dozenten, Räume, Ort, Zeiteinteilung und verlangten Inhalt. Letzteres wäre zu besprechen mit Dozenten auf Grundlage des Gewünschten im Zusammenhang mit dem Erforderlichen. Schließlich war dann auch die Summe zu verabreden, wofür die Dozenten bereit wären, den Inhalt der Ausbildung zu geben. - Im jeweils zweiten Jahr bemühten sich die Studenten, ohne dazu aufgefordert zu sein übrigens, einen Ansatz für eine folgende Gruppe zu geben. Ob die Ausbildung Fortgang findet, hängt also alle zwei Jahre wieder von der Initiative der Studenten ab. Dabei hat sich gezeigt, daß die Freiheit der Dozentenwahl nicht absolut ist. Wie der Stoff, ist ja auch das Zusammenwirken etwas Einheitliches. Umgekehrt stellte sich heraus, daß inhaltliche Wünsche, denen die Dozenten etwas skeptisch begegnet waren, volle Berechtigung hatten. Und die finanzielle Abwicklung? Die war jedesmal wieder viel einfacher, als man vermutet hatte.(16)

Ich belasse es bei dieser stichworthaften Andeutung. Sie mag genügen zu zeigen, daß solche vom Bedürfnis her gestalteten Einrichtungen absolut lebensfähig sind. Sie erfordern aber eine ausgesprochene Beweglichkeit. Ich möchte das positiv werten.

VIII.
EINE ZWEIKLASSENSCHULE?

Schon einige Male mußte auf die Tendenz hingewiesen werden, in einer Waldorfschule zwei Klassen von Mitarbeitern zu unterscheiden: höhere und niedere. Ursprünglich beabsichtigte ich, das Thema in einer Fußnote zu behandeln, aber dafür ist es eigentlich zu wichtig.

Eine Zweiklassengesellschaft hat es in gewissem Sinne seit jeher gegeben: Begüterte und Habenichtse. Je weiter wir zurückgehen, und speziell in vorchristlicher Zeit, wurde diese zweifelsohne vorhandene Zweiheit aber viel stärker als persönliches Schicksal erlebt. Die Trennung in drei, manchmal auch mehr Stände spielte gesellschaftlich eine größere Rolle als der Reichtum. Was ursprünglich Kastensystem war, erfuhr zahlreiche Wiederbelebungen, zum Beispiel im Dreiständestaat des Mittelalters und bis in unsere Zeit in der Sechsklassengesellschaft (eigentlich drei, aber jede wieder in eine Ober- und Unterschicht zerfallend), wie sie als völlig informelles, aber das ganze Leben bestimmendes Phänomen in den 30er Jahren unseres Jahrhunderts in Amerika entdeckt wurde. Unser heutiges westliches Zweiklassensystem geht mehr auf Rom zurück (Patrizier und Plebejer), es setzt sich das ganze Mittelalter hindurch als Patres versus Fratres fort und zeigt sich heute in neuem Gewande in demjenigen, was wir den sozialen Rechtsstaat oder Wohlfahrtsstaat nennen. Die große Masse der Bevölkerung teilt sich in diejenigen, die von ihrer Arbeit leben und diejenigen, die auf Sozialleistungen angewiesen sind. Der Hintergrund der damit einhergehenden Ideologie ist, daß man die Arbeitslosen nicht verkommen läßt (wie in England bereits im 18. Jahrhundert, im 19. Jahrhundert in der ganzen westlichen Welt), sondern sie durch minimale soziale Leistungen am Leben erhält. Dadurch treibt man einerseits einen Keil durch das Proletariat (der Wohlfahrtsstaat war eine Erfindung der sogenannten christlichen Parteien!) und schafft gleichzeitig (in der Marx'schen Terminologie) ein Reserveheer Arbeitswilliger. Der Unterschied ihrer Einkommen mit demjenigen der Arbeitenden ist nun so zu manipulieren, daß der Arbeitende in der fortwährenden Angst lebt, arbeitslos zu werden, und der Arbeitslose jede Chance wahrnimmt, zum Wohlfahrtsleben des Arbeitenden aufzusteigen. (Daß es Aussteiger gibt, die diese Unterschiede nicht interessieren, ist für das Funktionieren der Gesellschaft ebensowenig relevant, wie die Existenz von Menschen, die von ihrem Kapital leben.)

Die Tendenz zur Polarisierung finden wir auch bei den Waldorfschulen. Damit meine ich nicht, daß , wie ich es als Schüler täglich beobachten konnte, der Großteil der Lehrer in der Pause in das Lehrerzimmer geht, ein kleinerer Teil sich beim Hausmeister einfindet. Die beiden Gruppen waren, traurig aber menschlich, einfach ideologisch verkracht. Hier geht es mir um eine bewußt herbeigeführte Zweiteilung, die auf allerlei Gebieten auftreten kann.

- Man bildet zum Beispiel Eltern in Kursen anthroposophisch aus, nicht, wenigstens nicht an erster Stelle, weil die Eltern dieses Bedürfnis hätten, (dafür gäbe es ja andere Einrichtungen), sondern weil man sich einen Grundstock von Freunden heranziehen will, der die Schule trägt, dem man Aufgaben übertragen kann, aus dessen Reihen man eventuell auch Funktionäre wählen kann: Vorstandsmitglieder, Klasseneltern, Mitglieder des Elternbeirates, Elternvertreter bei Besprechungen mit der Obrigkeit usw. Sozial wirkt so etwas destruktiv. Die Eltern werden in zwei Blöcke geteilt: die Verantwortungsträger und diejenigen, denen man keine Verantwortung zutraut. Letztere, die dann stets auf eine geschlossene Front von Lehrern und verantwortlichen Eltern aufprallen, entwickeln entweder die bekannte Agressivität, komplett mit Verschwörungen, oder - je nach Anlage - Kriechertum, um auf der richtigen Seite zu stehen.

- Ganz ähnlich trennen sich an manchen Schulen diejenigen Lehrer, die Verantwortung tragen, von denjenigen Mitarbeitern, denen man diese eigentlich nicht anvertrauen kann. Wo die Zugehörigkeit zu einem inneren Kreise als eine Qualifikation behandelt wird, also als ein Mehr-sein als der Rest, urteilt man über seine Kollegen und untergräbt die sozialen Grundlagen der Schule. Muß man von jemandem, der sich ausgeschlossen fühlt, nicht erwarten, daß er sich als Mensch zurückgesetzt empfindet und darum nun seinerseits die - zum Beispiel moralische - Minderwertigkeit der Auserwählten beweisen will?

- Ich habe über den esoterischen Kreis gesprochen. Ich habe dabei betont, daß dieser eine rein geistige Angelegenheit bleiben soll, das heißt, daß *unmittelbar* nichts in die Schulführung einfließen darf. Nun, es ist wohl den meisten, die sich für Waldorfschulen interessieren, bekannt, daß Lehrer, die das wünschen (resp: zugelassen werden), esoterisch verbunden sind. Natürlich spricht da nichts dagegen, auch nicht gegen Exklusivität. Das steht in der Freiheit der Menschen. Nur muß es im rein Geistigen bleiben. Sowie es zu einer Brüderschaft wird, sowie man für bestimmte Aufgaben zu jenem Kreis gehören muß, bekommt die Sache nicht nur einen schwarzen Einschlag, es zieht genauso soziale Zersetzungserscheinungen nach sich.

Ich möchte zusammenfassend sagen: Man kann exklusive Kreise bilden, wird aber dann Sorge tragen müssen, daß das darin Stattfindende gegen das Schulgeschehen abgeschirmt wird. Man kann Kreise bilden, deren Aufgabe es geradezu ist, Einfluß auf das Schulgeschehen zu nehmen. Obwohl man gewiß für bestimmte Aufgabenbereiche auch gewisse Fähigkeiten verlangen darf - man wird die Raumpflegerin wohl kaum in einen Ausschuß zur Bedeutung einer Gesetzesnovelle einladen -, soll so ein Kreis grundsätzlich für jeden Mitarbeiter offenstehen. Eine Zweiklassenschule ist ein Rückfall in einen vorchristlichen Verband. Er beinhaltet, wie auch verbrämt, auf seinem Gebiet genauso einen Machtanspruch wie die politische Zweiklassengesellschaft.

Anhang A

EIN KAPITEL AUS DER PÄDAGOGISCHEN SOZIALPATHOLOGIE: DIE UNTERWERFUNGSAKTE

Die Ehe von Waldorfschulbewegung und sozialer Dreigliederung wäre wohl kaum zustande gekommen, hätte sie Rudolf Steiner nicht eingesegnet. Die Waldorfschule ist das Kind der Dreigliederung, sie ist als kleines Stückchen freies Geisteslebens der letzte Rest der gescheiterten Dreigliederung und wird in der Zukunft eine neue Dreigliederungsbewegung gebären. Seitdem fühlen Größen der Waldorfschulbewegung sich verpflichtet, deren Tun und Lassen als Verwirklichung der Dreigliederung darzustellen. Da muß es natürlich Krach geben. Der ist eigentlich schon lange da, wird aber dadurch getarnt, daß sich die besagten Größen gleichzeitig als Dreigliederungskompetenzen gebärden. Solange die Dreigliederer schlafen oder mundtot gemacht werden, haben die Größen es mehr oder weniger in der Hand zu bestimmen, was Dreigliederung ist. Es wird ihnen außerdem einfach gemacht, weil die überwiegende Mehrzahl der Anthroposophen, die Waldorflehrer keineswegs ausgeschlossen, wenig Ahnung von der sozialen Dreigliederung hat. Daher diese Ortsbestimmung.

Personen lasse ich weg. Mich interessieren in diesem Zusammenhang ausschließlich ihre Gesten in der Öffentlichkeit. Namen führen überdies von der Sache ab. Sind sie hinter ihren Taten erkennbar, dann ist das unvermeidlich. Ich bin aber trotzdem froh, für mein Anliegen auf ein Dokument zurückgreifen zu können, in dem kein Name einer natürlichen Person vorkommt. Es ist die Vereinbarung, die gründungswillige Gruppen mit dem Bund der Waldorfschulen treffen müssen, wenn sie in diesen aufgenommen werden wollen. Sie folgt im Wortlaut, wobei ich die Sätze numeriere.

Vereinbarung über die Zusammenarbeit
im Bunde der Waldorfschulen

-1- Das erhebliche Wachstum der Waldorfschulbewegung, zugleich auch der Generationswechsel innerhalb der Kollegien und der Elternschaft geben Veranlassung, die bisher lebendig entwickelten Verfahrens- und Verhaltensweisen innerhalb der Gemeinschaft der deutschen Waldorfschulen genauer zu beschreiben.

-2- Die gewachsenen Usancen sind besonders für das Bewußtsein der neu hinzukommenden Schulen deutlich zu machen, denen naturgemäß die langjährige Übung rein gewohnheitsrechtlicher Gebräuche fehlt.

-3- Das Hauptmotiv für die anschließende Beschreibung ist der Wille, ein stärkeres Bewußtsein für diesen Lebensbereich anzuregen.

-4- Immer erneut gilt es sich klarzumachen, daß das Wesen einer Gemeinschaft - einerseits - und Freiheit überhaupt - andererseits - sich erst im ausgewogenen Verhältnis der Belange des einzelnen (Autonomie) und der des Gesamtzusammenhanges erfüllen.

-5- Alle Schulen und Persönlichkeiten im Bund sind sich über folgendes einig:

-6- Die in der anschließenden Vereinbarung angesprochenen Abstimmungen und Konsultationen sollen nicht dazu führen, das Entstehen neuer sozialer Formen aus neuen Ideen zu behindern.

-7- Im sozialen Bereich wollen sich besondere menschliche Kräfte aussprechen und betätigen, dies dient der fruchtbaren Fortentwicklung der Waldorfschulbewegung.

-8- 1.Mit Aufnahme in den Bund der Freien Waldorfschulen

anerkennt die zu gründende Schule (und ihr Trägerverein), daß sie in allen wesentlichen Angelegenheiten für die Dauer von etwa drei Jahren nicht ohne vorherige Abstimmung mit dem Bund, d.h. in der Regel mit seinen Regionalorganen, Beschlüsse faßt.

-9- Vor Gründung der Schule werden im Einvernehmen mit ihr eine oder mehrere Persönlichkeiten namentlich benannt, die im Auftrag der Organe der Region für die betreffende Zusammenarbeit verantwortlich sind.

-10- Die genannte Zeit von drei Jahren kann auf Initiative der Schule oder der zuständigen Gremien des Regionalzusammenhanges verlängert werden, bis sich die konkrete Zusammenarbeit im Sinne dieser Vereinbarung eingespielt hat.

-11- 2.Zu den wesentlichen Angelegenheiten (Ziff.1), in denen eine Ü b e r e i n s t i m m u n g zu erzielen ist, gehören:
-12- -Verhandlungen mit den für die Schulaufsicht zuständigen Behörden, sofern diese Statusveränderungen gegenüber den in dem jeweiligen Bundesland geltenden Regelungen oder Rechtsfragen von erheblicher Bedeutung (z.B. Schulabschlüsse) betreffen;
-13- -Verhandlungen mit Behörden, die die steuerrechtliche Behandlung der Schule, die steuerrechtliche Behandlung der Elternbeiträge, die Finanzierung von Schulbauten betreffen;
-14- -Grundsatzfragen der Finanzierung von Gemeinschaftsaufgaben im Bunde der Freien Waldorfschulen.

-15- Einer B e r a t u n g mit den benannten Betreuern bedarf es hinsichtlich der Vereinbarung über die Mitarbeit von hauptamtlichen Lehrkräften sowie bei Grundsatzfragen der Sozialstruktur der jeweiligen Schulgemeinschaft.
-16- Insbesondere soll die Schule bei der Anstellung von Absolventen der Ausbildungsstätten im Bund der Waldorfschulen den Rat der betreffenden Ausbildungsstätte einholen.

-17- 3.Kommt ein Einvernehmen zwischen der Schule und

dem (den) benannten Betreuer(n) (Ziff.1) nicht zustande, so haben beide Seiten die Möglichkeit, sich wegen einer Vermittlung an die regionalen Gremien des Bundes zu wenden.
-18- Kommt auf diesem Weg eine Einigung nicht zustande, so können auch die anderen Organe des Bundes angerufen werden.

-19- 4.Über die Zeit dieser Betreuung hinaus arbeitet jede Schule in den Gremien des Bundes (z.B. der Regionalkonferenz) verantwortlich mit.
-20- Dabei besteht die selbstverständliche Pflicht, in wesentlichen Fragen der Finanzierung (z.B. der öffentlichen Zuschüsse u.ä.) und der Verhandlungen mit staatlichen Instanzen (inclusive Gerichtsverfahren), soweit die Belange der Gemeinschaft berührt werden und einseitiges Handeln nicht verantwortlich ist, die zuständigen Organe des Bundes zu konsultieren.
-21- Auch hierfür gilt Ziffer 3 entsprechend.

-22- Von Anfang an wird die Einrichtung des konfessionellen Religionsunterrichts mit den dafür zuständigen Vertretern der Religionsgemeinschaften, denen die Elternhäuser angehören, abgesprochen.
-23- Die Einführung des freien christlichen Religionsunterrichts ist von der Schule mit den namentlich benannten Betreuern (Ziff.1) und einem Vertreter des überregionalen Religionslehrergremiums der Schulbewegung vorzubereiten.

Ich muß dem Leser nun einige, für ihn wahrscheinlich ungewohnte Spaziergänge in die Juristerei zumuten. Leider geht es nicht anders, wenn so eine Untersuchung auch gewiß nicht die Absicht des Autors war. - An erster Stelle sei bemerkt, daß das Dokument aus zwei qualitativ vollständig verschiedenen, durch den ersten Strich getrennten Teilen besteht. Der erste Teil gibt die Begründung des Vertrages und hat keine - oder höchstens eine interpretative Bedeutung, insoweit der Text des zweiten Teiles nicht deutlich sein sollte - Rechtskraft. Der zweite Teil ist ein Vertrag, der die Parteien bindet und dessen Erfüllung eventuell eingeklagt werden kann.

Wie das auch bei Begründungen von Gesetzesentwürfen der Fall ist, enthält der erste Teil Floskeln, die dem Leser die wirkliche Bedeutung des zweiten Teiles verhüllen. Den meisten Lesern ist die freundliche, verständliche Sprache der Begründung sowieso genug. Die nachfolgende Juristenprosa ist ihnen oft unzugänglich. So wird in unserem Dokument im zweiten Teil überhaupt nichts beschrieben (-1- und -3-), sondern nur vorgeschrieben. Satz zwei gibt zwar richtig an, daß man den neu hinzukommenden Schulen den beabsichtigten Duktus einexerzieren will, aber damit wird keineswegs Bewußtsein für einen neuen Lebensbereich erregt -3-. Einerseits dämpft das als unvermeidlich Akzeptierte das Bewußtsein, andrerseits werden diesbezügliche Willenskräfte durch die Tabus im zweiten Teil gelähmt. - Der vierte Satz läßt bekannte Töne aus dem institutionellen (meso-)Erfahrungsbereich hören, wofür er Berechtigung hat, ist aber für die Makro-Sphäre (Verhältnis anderer Institutionen zum Bund) gemeint, wofür das Gesagte fragwürdig und gefährlich ist: Alles, was über Beratung hinausgeht, steht im Gegensatz zum freien Geistesleben. Nur der Einzelorganisation, z.B. der Schule als Zielorganisation, ist die Forderung erlaubt, daß sich die Mitarbeiter dem satzungsmäßigen Ziel fügen. Aber welchem Leser sind diese sozialen Unterscheidungen geläufig? Dann nur entdeckt er die falsche Analogie. - Der fünfte Satz ist eine leere Behauptung. Hat man wirklich jede Mitglied-Schule und jede darin wirkende Persönlichkeit um ihre Meinung gefragt? -Wie so oft, tritt in der Sechs das Böse in Erscheinung. Man spricht hier von einer Einstimmigkeit für etwas, das man im zweiten Teil verbietet. Das ist, konkret gesagt, Irreführung der Leser. Macht man sie aufmerksam auf das, was im zweiten Teil steht, wird man in den meisten Fällen die Antwort bekommen: "Aber so ist das ja gar nicht gemeint!" In Wirklichkeit aber hat die Floskel überhaupt nur Bedeutung, insoweit der zweite Teil nicht deutlich sein sollte. Aus dem Widerspruch von Satz 6 und dem zweiten Teil müßte, wenn man von Treu und Glauben des Autors ausgehen will, sogar das Vermuten entstehen, daß "neue Formen aus neuen Ideen" einen ganz anderen Wirklichkeitsbereich betreffen (z.B. "soziale" Umgangsformen), als im zweiten Teil gemeint sind. Der siebte Satz würde diese These sogar unterstützen: besondere menschliche Kräfte. Das wäre auch in Übereinstimmung mit meiner Erfahrung, daß man das Entwickeln sozialer Fähigkeiten (NPI), Psychologie also, mit dem Sozialen der sozialen Baukunst (*Die Kernpunkte der sozialen Frage*) durcheinanderbringt.

Betrachten wir nun den zweiten Teil. Man kann ihn eine Vereinbarung nennen. Dazu wäre aber notwendig, daß beide Parteien in Freiheit handeln können. Ist das nicht der Fall, spricht man von einem Diktat. Hier nun schreibt der Bund vor, und der Kandidat hat keine Wahl. Außerhalb des Bundes zu gründen, ist nämlich praktisch unmöglich. Man wäre dann eine willkürliche freie Schule, die staatsdiplomierte Lehrer anstellen muß, kaum Aussicht auf Förderung hat und sich nicht Waldorfschule nennen darf. Es gibt übrigens noch mehr Hindernisse. Der Bund ist de facto Monopolist, der Anwärter muß schlucken oder eben nicht gründen. - Satz acht spricht über "Abstimmen" mit dem Bund. Das richtige Wort wäre: um Erlaubnis fragen, denn man steht für alle "wesentlichen Angelegenheiten" unter dessen Vormundschaft. Zu neuen sozialen Formen -6- darf man also nur in Freiheit übergehen, wenn sie unwesentlich sind. - Die Dauer der Vormundschaft ist nicht drei Jahre, sondern unbegrenzt -10-, weil sie erst aufhört, wenn man gefügig und hörig ist -10-. Meine - und wohl auch die des Bundes - Erfahrung ist, daß ein Kollegium nach fünf Jahren Beamtenstatus nicht mehr zu sozialen Erneuerungen imstande ist. Man muß sich denn auch vorstellen, daß als zu benennende Persönlichkeiten -9-, die die Vormundschaft ausüben, nur jene in Betracht kommen, die bereit sind, die Schule gefügig zu machen. -

Satz elf ist so zu lesen, daß die nachfolgend aufgezählten Fälle, in denen "Übereinstimmung" (lies: Zustimmung des Bundes) gefordert wird, keineswegs beschränkt sind. Es kann viel mehr geben ("zu ihnen gehören"), aber über die genannten darf kein Zweifel bestehen, wodurch für sie der Erwägung (Satz

1-7) jede Bedeutung genommen wird. In ihnen darf man den eigentlichen Grund der Subordinationsakte sehen. - Satz zwölf legt den Anwärter fest auf die Verabredungen, die der Bund (oder seine Glieder) mit den Behörden gemacht hat. Nun steckt, wie bekannt, die Obrigkeit heute "ihre Nase" in die meisten Angelegenheiten der Schule, so daß frontal oder seitlich immer Verabredungen tangiert werden. Das genannte Beispiel, die Schulabschlüsse, dürfte eines der harmloseren sein, wenn auch die Akzeptation von bestimmten Abschlußpflichten die Freiheit des Geisteslebens ins Herz trifft. Vor allem wird man aber kaum eine neue soziale Form -6- verwirklichen können, ohne auf so ein Abkommen zu stoßen. Dazu gehört z.B. eine der sozialen Grundforderungen, die Abschaffung des Arbeitnehmerverhältnisses. Auch auf die Frage, ob die Schule die der staatlichen Förderung inhärenten Auflagen akzeptabel findet, darf sie keine eigene Antwort geben. - Für die Ausarbeitung ist nun Satz 13 erhellend. Die steuerrechtliche Behandlung der Schule hängt so eng mit ihrer Struktur zusammen, daß man sich kaum eine in Richtung soziale Dreigliederung gehende Änderung vorstellen kann, die keine Steuerfolgen hat. Kein freies Geistesleben also, keine Lehrer als freischaffende Unternehmer, keine Neutralisierung des Kapitals ("Schulbauten"). - Satz 14 fügt das Eigeninteresse des Bundes hinzu: die Abgabenpflicht des Anwärters. Über die kann man dann die Ausbildung der Lehrer im gewünschten Sinne erzwingen. (Siehe meinen *Kommentar zum Spendenaufruf* in *Erziehungskunst* 1990/2).

Die *Beratung* zwecks Grundfragen der Sozialstruktur -15- klingt nach den Sätzen 12 und 13 etwas komisch und dürfte mit dem noch zu besprechenden Anlaß dieser Unterwerfungsakte zusammenhängen. Sie ist nicht ganz ungefährlich, Herr Bundesjurist, denn der Richter könnte ihr ein à contrario-Argument entnehmen! - Daß sogar die Anstellung von hauptamtlichen Lehrkräften nicht ohne den Rat des Vormundes zulässig ist, ist beinahe ungeheuerlich. Will man so den Rebellen an den Ausbildungsstätten den Zugang zu den Schulen wehren? Neu ist die Sache keineswegs. Die nachmalige Waldorfschule Wangen bekam die Gründungserlaubnis unter der ausdrücklichen Bedingung, daß einer der Gründungslehrer seine

Mitarbeit an der Dreigliederungsbewegung einstellt. (Von einer derartigen Auflage für Lehrer, die in einem Quartett mitspielen oder auch noch an einem Therapeutikum tätig sind, habe ich noch nie gehört.) Es gibt bereits Vormundschaftsschulen, die dieses "Recht" auf administrative Angestellte ausdehnen. Daß die Unterwerfungsakte dieses Recht nicht hergibt, schadet nicht: Man akzeptiert die "Patenschaft" nur unter der Bedingung, daß dem Griff nach *allen* Angestellten zugestimmt wird. Da derselbe Vertrag Betreuer als Gründungsbedingung nennt -9-, bleibt den Gründern keine Wahl.

Ist es dem Autor des Elaborats nicht bekannt, daß niemand Richter in eigener Angelegenheit sein kann? Sätze 17 und 18 besagen nämlich im Klartext, daß, wenn der Bund "nein" sagt, man beim Bund Berufung einlegen kann: wie in der absolutistischen Zeit.

Wer schließlich denkt, daß eine Schule nach einem "genügend" für Betragen frei wäre, hat nicht mit dem Paragraphen 4 gerechnet. Er verpflichtet die Schule nicht nur zu kontinuierlicher Zusammenarbeit mit den Gremien des Bundes, sie muß sich zeitlebens überall, wo "Belange der Gemeinschaft" (= des Bundes) im Spiel sind, dem Bund konformieren (-19- und -20-), wobei man nämlich das dicke Ende nicht vergessen darf: Wenn "Ziffer 3" entsprechend gilt (-17- und -18-), ist nicht die Rede von Konsultation, sondern von sich unterwerfen.

Ein weiterer Strich trennt das dreimal siebenfach konstruierte Kunstwerk von einem völlig andersartigem Diktum, einem unmittelbaren Eingriff in die Pädagogik: Ohne Religionsunterricht unter Führung eines verläßlichen Gremiums -23- keine Waldorfschule -22-. Vielleicht könnte man Verständnis für diese Forderung haben, wenn die Religionsstunden dem Curriculum der Waldorfschulen inhärent wären. Nichts ist weniger wahr. Steiner bezeichnete die Religionsstunden als Exklave der Schule. Daß es hier gar nicht um eine pädagogische Frage geht, erkennt man, wenn man sich überlegt, was Stuttgart wohl machen würde, wenn, wie in manchen Ländern, Religionsunterricht an den Schulen verboten wäre. Ihre Schlösser schließen?

Nach dieser notwendigerweise viel zu kurzen Analyse eines

schamlos anmutenden Stückes soll der Leser noch vernehmen, welche "Vergehen" Anlaß zu diesem totalitären Zugriff gegeben haben. Nun, zu -22- und -23- stand Kempten Modell. Der Versuch des Bundes, um die dortige Waldorfschule auf rechtlichem Wege gefügig zu machen und, als das mißlang, mit wirtschaftlichen Mitteln zum Schließen zu zwingen (mit großem Aufwand des Bundes eröffnete man eine zweite Waldorfschule in Kempten), scheiterte. Was hatte seinen Zorn erregt? Daß Kempten die Religionsstunden in die Privatsphäre verwies. Ein pädagogisches Interesse des Bundes an dieser Sache bestand nicht, aber es bestand die Gefahr, daß daraus für die bayrischen Waldorfschulen Unannehmlichkeiten mit den Behörden entstehen könnten. Ja, genauso wie die Obrigkeit freie Schulen zu unterdrücken versucht, weil sie eine Bedrohung für die Staatsschulen darstellen! Wir müssen konstatieren, daß der Bund der Waldorfschulen, die Steiner als die Wegbereiter für die Dreigliederung sehen wollte, die Freiheit des Geisteslebens behördlichem Wohlwollen zu opfern bereit war. Er scheut sich nicht, pädagogisch Fakultatives von seinen Anwärtern zu erzwingen.

Dieselbe Haltung liegt aber auch dem ersten Teil des Diktates (-8- bis -21-) zugrunde, nur richtet sich der Angriff da nicht gegen einen Teil der Dreigliederung, sondern gegen sie als Ganzes. Die Schule Wernstein nämlich ist/war in Deutschland die einzige, die ihre Struktur auf die soziale Dreigliederung baute. Man nahm keine Förderung vom Staat an, lebte von freien Schenkungen (es gab also kein Schulgeld), es gab keine Arbeitnehmerverhältnisse, und es gab eine dreifach gegliederte Schulstruktur und ein (für einen eventuellen Konflikt gewähltes) Schiedsrichter-Gremium. Und die Schule blühte. Genau diese Phänomene waren Stuttgart ein Dorn im Auge. So eine Schule durfte ihre Lebensfähigkeit nicht erweisen! An der Pädadagogik war aber nichts auszusetzen. So nahm man ihr das Recht, sich Waldorfschule zu nennen(17); dafür muß man ja im Bund sein, und der nahm sie nicht auf. Man durfte sich dort lange Zeit nicht einmal vorstellen, andere Schulen könnten sich an Wernstein ein Beispiel nehmen. Man schickte Leute hin... Und als das alles nicht half, griff man zum bewährten kapitalistischen Mittel: Man setze ihnen eine "echte" Waldorfschule vor die Nase - 2 km Luftlinie entfernt, nach Kulmbach. - Inzwischen hat sich leider erwiesen, daß die Struktur wirklich der Grund für die Anfeindung war. Der Aufbau der Oberstufe ohne Gemeinschaftsgelder gelang nicht, man mußte um Förderung nachsuchen, wodurch manche dreigliedrigen Einrichtungen aufgegeben werden mußten. Sofort zeigte Stuttgart ein freundliches Gesicht.

Reinhart Engelen,
der den Mut hatte,
der Freie Waldorfschule
Wernstein
zu dreigliedern.

Wenn die Sache nicht so tragisch wäre, könnte man in ein schallendes Gelächter ausbrechen, daß erwachsene Menschen Anno 1992 so ein Diktat einfach hinnehmen. Es ist tragisch, weil in unserer Zeit und in unserer Gegend Diktatgeber sich nur noch halten können, wenn es genügend Leute gibt, die sich einen Diktierenden wünschen. Meine Vorstellung vom Bewußtseinsseelenalter wäre eine etwas andere: daß Leute, denen man so etwas zumutet, sofort eine außergewöhnliche Versammlung einberufen, um solchen Managern den Stuhl vor die Türe zu setzen. Ich mußte mich aber schon des öfteren von den Tatsachen belehren lassen, daß jenes Zeitalter auch für die Fortgeschrittenen noch nicht angebrochen ist.

Bin ich deswegen ein Gegner der Waldorfschulbewegung oder des Bundes? Nein, so ein Verleumder des Sozialimpulses bin ich nicht. Auch in einer dreigegliederten Gesellschaft würde es z.B. hierarchische Institutionen geben. Wer sie will, für den sind sie zu haben. Warum sollte es darin nicht eine Waldorfschulbewegung geben, deren Schulen zwar anthroposophische Pädagogik betreiben, aber eben keine anthroposophischen Institutionen sind? Ich möchte ausdrücklich erklären, daß sich kein Wort dieses Kapitels auf die Waldorfpädagogik bezieht. Ich habe sogar Verständnis für die Manager. Ich will ihnen keineswegs unterstellen, daß sie gegen Treu und Glauben handeln. Wer einmal den technokratischen Kurs einschlägt, dem wird jeder folgende Schritt mit einer gewissen Unvermeidlichkeit vorgeschrieben. Todsicher landet man dann in der felsenfesten Überzeugung, daß der eigene Weg der einzig richtige ist (und wäre es auch aus Selbsterhaltungstrieb) und daß man darum nicht nur jede andersgestaltete Schule, sondern jede andere Stimme unterdrücken muß.

Die Toleranz hört aber auf, wenn man irgendeine Organisationsform fälschlicherweise als Dreigliederung ausgibt. Nicht aus Ärger, sondern weil es das beste Mittel ist, um die Dreigliederung zu schädigen; wie ja auch jeder Waldorfpädagoge in die Schranken treten dürfte, wenn von verantwortlicher Stelle verlautbart würde, daß eine Pille Hasch vor dem Unterricht zur Waldorfpädagogik gehört. Soziale Dreigliederung ist keine freibleibende Angelegenheit, die jeder ausfüllen kann, wie er will. Es ist ein Ordnungsprinzip, das drei Freiräume schafft, und zwar bis in die Form hinein. Ohne Form, deren Respektierung erzwungen wird, ist nicht die Rede von Dreigliederung, sondern von einem Menschen ohne Knochen, von einem "gemischten König", von... Einheitsstaat und Einheitsbrei. Die Freiheit, seine eigenen Impulse zu verwirklichen, fängt erst innerhalb dieser Freiräume an. Das heißt, sie garantieren, daß *jeder* diese Freiräume benutzen darf. Wer ein Rechtsleben der Institutionen nicht will, liefert sie Machthabern aus. Wem kontrollierte Regeln zu starr sind, betrachtet sich selber über die Regel erhaben.

Die Mitte, die Regel oder das Recht, nicht zu wollen, kann

man als die Ursünde gegen die Dreigliederung betrachten. Verwirklicht man so etwas, dann entsteht ihr Gegenbild. Daneben kennen wir noch zwei Hauptentgleisungen. Da gibt es die ethische: Werde nur selbst sozial, dann kommt die Dreigliederung schon. Struktur? Der Teufel selber. Vielleicht ist ein kleiner Schuß sozialer Psychologie statthaft: Seid nett zu einander. Steiner hat deutlich dagegengehalten: Es geht um die Einrichtungen, nicht um die Gesinnung. - Die andere ist die Dreigliederung-als-Idee: Wir denken uns aus, wie der soziale Organismus auszuschauen hat, wenn es soweit ist. Diese großen Denker interessiert die Gestalt auch recht wenig. Sie kennen den Inhalt, der gut für das Volk ist. Steiner hat davor gewarnt: Dreigliederung ist keine Idee, sondern ein Impuls.

Einen Schritt weiter, und wir sind bei dem Mißbrauch, der mit dem Namen Dreigliederung getrieben wird. Die Zeit, in der man diese als "Steiners großen Irrtum" oder "Steiners Versuchung seiner Anthroposophen" abtun konnte, ist vorbei. Man kann es sich nicht mehr leisten, der Dreigliederung abzuschwören. So nennt man eben die Technokratie, unter der man sich wohl fühlt, Dreigliederung. So "lebt man Dreigliederung in den Waldorfschulen" - was für die Schulbevölkerung von Wernstein sogar stimmen würde. Und weil Steiner die Waldorfschulen als Wegbereiter der Dreigliederung gedacht hatte, fühlen sich die Manager der Waldorfschulen auch zu Managern der Dreigliederungs...idee berufen. Den Impuls scheinen sie oft nicht zu kennen, sonst würden sie ihn in der Art ihres Auftretens zum Ausdruck bringen. Weil das aber mancher Managernatur nicht liegt, verraten sie sich für den ausgebildeten Dreigliederer andauernd. Wahrscheinlich ohne es zu wissen, verletzen sie Mal für Mal die sozialen Grundregeln, die man zwar in unserer heutigen Gesellschaft nicht erzwingen kann, die aber für jemanden, der im Dreigliederungsimpuls steht, Selbstverständlichkeiten sind.

So wäre es wirklich besser, die unglückliche Ehe von Waldorfschule und Dreigliederung zu scheiden. Sie ist ja auch kein Sakrament. Und wenn die Schulmacher sich bei ihren Leisten halten, könnte wirkliche Dreigliederung vielleicht wieder einen Aufschwung erhalten und dann zu der Waldorfschulbewegung in ein *freies* Verhältnis treten. Vielleicht aber sollten wir unseren Blick ganz woanders hin richten als dahin, wo man die Anthroposophie "verwertet". Es gibt heute außerhalb der anthroposophischen Bewegung einen Instinkt für soziale Dreigliederung, wie er mir früher nicht begegnet ist. Und manche Menschen im Osten, die nicht wie wir am Genuß der Technokratie einschlafen, sondern am Leiden an ihr erwacht sind, bringen ein Gespür für das Unwesen des Managertums mit, auch wenn es in Lila gekleidet geht. Das Vermuten entsteht, daß die anthroposophische Bewegung sich beeilen muß, wenn sie die soziale Entwicklung noch einholen will.

Anhang B

EIN MIKRO-SOZIALER EXKURS

Eigentlich ist es nur zu verständlich, das alles, was dem sozialen Impuls entspringt, auf Unwillen stößt. Zwar hat die Kirche jahrhundertelang die Wohltätigkeit, die Caritas, dem notleidenden Mitmenschen gegenüber als Erziehungsmittel benützt, aber im Grunde behielt auch diese die Selbstbezogenheit bei, wurde doch Mildtätigkeit als Schlüssel propagiert, der der Seele das Himmelreich öffnet. Sie wurde im Bürgertum noch weiter pervertiert, indem man Ansprüche an und Bedingungen für die Hilfswürdigkeit stellte, zum Beispiel Kirchgang. Es waren relativ kleine Gruppen (wie die ursprünglichen Franziskaner oder die Chassidim) oder Einzelpersönlichkeiten (wie manche der Heiligen), die von dem Erleben der Not des andern ausgingen, die also materielle Opfer nicht gleichsam als Preis für das eigene Seelenheil einsetzten. - Auf die institutionelle Ebene hatte der Sozialimpuls so gut wie gar keinen Einfluß. Da lebt man seit beinahe 2000 Jahren in einem sozialen Niedergang, weil das ursprünglich tragende Gruppenbewußtsein, die Unterordnung des Eigeninteresses unter das Interesse der Verbände, einem auf den individuellen Eigennutz ausgerichteten Bewußtsein Platz machte (soziologisches Grundgesetz). Zum Erhalt der für unsere seelischen und biologischen Bedürfnisse unentbehrlichen Verbände (soziales Hauptgesetz) wurden die Mitarbeiter oder Mitglieder mit immer stärkeren Machtmitteln in vor-christliche Strukturen gepfercht. Weil das hierarchische Modell der Zwangsarbeit allgemein üblich und schließlich wie selbstverständlich hingenommen wurde, sollte man sich nicht wundern, daß alles das, was von dem sozialen Impuls ausgeht - und was tatsächlich so gut wie jede menschliche und institutionelle Gewohnheit auf den Kopf stellt -, als wirklichkeitsfremd, wenn nicht gar als abstrus oder wahnsinnig empfunden wird.

Daß aber der soziale Impuls als christliches Anliegen noch in seinen allerersten Anfängen steht, ist kein Grund, um um dieses peinliche Gebiet einen Bogen zu schlagen. So möchte ich zum Schluß auf einen Teilaspekt unseres Umgangslebens dessen Licht fallen lassen. - Es wurde bereits darauf hingewiesen, daß vom Sozialen her der andere tabu ist. Seine Eigenarten, sein Auftreten, seine (Un-)Sitten, kurzum sein ganzes So-sein stehen nicht zu meiner Beurteilung. Im Augenblick, da ich den anderen korrigiere, ist er mir bereits zum Objekt geworden. Dann erkenne ich ihm seine prinzipielle Gleichheit mit mir ab. Es geht da nicht nur darum, dem "So-und-so einmal die Wahrheit zu sagen", es geht genauso um die verhüllte Rüge: "Warum machen Sie das eigentlich so?" - oder wie auch immer man seine Mißbilligung einzukleiden weiß. In all diesen Fällen möchte man den andern anders haben, als er ist. Was gibt uns dazu eigentlich das Recht?

Mit dieser Erkenntnis ist noch nichts Soziales getan; damit bleibt man noch im Geistesleben. Das Soziale lebt ausschließlich in der Tat - und wäre es die Nicht-Tat der Zurückhaltung. Die Erkenntnis, daß der andere genauso Recht hat auf seine Eigen-Art wie ich, auch wenn die seine mir abwegig vorkommen sollte, ist nur die Voraussetzung, daß Soziales erstehen kann: die Not des andern zum Motiv meines Handelns zu machen. Solange ich seine Not noch als korrekturbedürftig empfinde, helfe ich höchstens meiner Not-mit-ihm aus der Welt.

Das Wesen des andern zu respektieren, kann man von niemandem verlangen und sollte das auch nicht. Man kann es nur selbst in voller Freiheit versuchen. Dann kommt es vielleicht auf Dauer dazu, daß man nicht nur aus Erkenntnis, sondern aus innerlicher Selbstverständlichkeit den andern nimmt, wie er ist. Es sind Stufen auf dem Weg zum sozialen Menschen. In der Zwischenzeit kann man sich selbst aber verbieten, seine Beurteilungen an den andern heranzutragen. Und weil es sich dabei um etwas Äußerliches handelt, kann man in sozialen Zusammenhängen solche Äußerungen, wie wir noch sehen werden, sogar verbieten. "Du bist von irgendeiner Fehm zum Richter nicht erlesen" dichtete Christian Morgenstern. Es gibt da nur eine Ausnahme: Wenn der andere mich um eine Beurteilung bittet. Dann darf ich sie geben, weil nicht ich ihn anders haben will, sondern er sich selbst ändern will.

Damit ist in etwa das Bild desjenigen aufgerufen, das man die "urielische Gebärde"(18)nennen könnte, oder eben die soziale Grundstimmung. Wir werden noch sehen, daß die institutionelle Sphäre zusätzliche Rahmenbedingungen fordert. Wir wollen aber noch einen Augenblick im Mikrogebiet weilen.

Da stellt sich an erster Stelle das Problem, ob eine Frage gestellt ist und, so ja, ob sie an mich gerichtet war. "Ich wollte, mir würde jemand das Rauchen abgewöhnen!" kann Rhetorik sein, kann der Suche nach dem richtigen Helfer gelten und könnte auch ein Hilferuf an meine Adresse sein. Ist man sich des letzteren nicht ganz gewiß, sollte man lieber schweigen. Ähnliches ist zu sagen zur unausgesprochenen Frage. Nicht jeder bringt einen Hilferuf über seine Lippen. Aber viele halten sich für so hellhörig, daß sie Hilferufe vernehmen, die es nicht gibt. Auch da gebietet der soziale Impuls zu schweigen, wenn man seiner Sache nicht ganz sicher ist - und wäre es nur, um dem Menschen-in-Not die Zeit zu gönnen, sein Hilfebedürfnis in die angemessene Form zu prägen.

Diese Zurückhaltung ist unzeitgemäß. Sie folgte früher als Sitte und Etikette aus dem Gruppenhaften und galt zum Beispiel nicht jemandem aus einem "niederen Stande" gegenüber. Sie hätte ichhaft werden müssen, ist aber in ihrer positiven Substanz nicht erkannt, sondern in ihr Gegenteil verkehrt. Alles muß "besprechbar" sein, womit man meint: alles, was man über den anderen denkt, muß man ihm auch ins Gesicht sagen dürfen. Das soll Spannungen vermindern, verkünden uns Betriebspsychologen. Für berufsmäßig veranstaltete Schimpfereien wird grobes Geld bezahlt. Es ist nicht einmal neu. Die Tibetaner wissen bereits lange um die das Wohlgefühl hebende Seelenentleerung. Einmal im Jahr darf jeder jedem ins Gesicht schreien, was er an ihm auszusetzen hat. Dafür aber war es an allen anderen Tagen des Jahres streng verboten. Und man war weise genug, sich an jenem Tage... die Ohren zu verstopfen.

Es ist nämlich nicht wahr, daß Aussprachen, die den andern als Persönlichkeit (dis-)qualifizieren, irgendein Problem lösen, es sei denn jenes, wie man mit seiner Empörung fertig wird. "Das gibt Luft!" - geht aber auf Kosten des anderen. Mit Ausnahme von Heiligen verträgt es niemand, in seinem Eigensein kritisiert zu werden, obwohl es natürlich Menschen gibt, die ihr Beleidigtsein zu tarnen oder zu ideologisieren wissen. Meist unbewußt, aber darum nicht weniger existentiell erlebt man an einer Kritik seiner Person, daß man nicht als Individualität, sondern als Objekt, als Ding, betrachtet wird, das man ändern kann, wie ein nicht gut in der Hand liegendes Instrument. Steiner nennt derartige Kritik die moderne Art der Folter. Wir wissen, daß sie bis zum sozialen Mord führen kann. Das Gespräch, nach Goethe erquickender als das Licht, wird bis hin zum Schwarzmagischen mißbraucht. Das wundervolle, sogenannte therapeutische Gespräch zum Beispiel, das, als Heilmittel benutzt, davon ausgeht, daß jeder suche, wieviel Schuld an gewissen Schwierigkeiten bei ihm liege, wird in sein schwarzmagisches Gegenbild verwandelt, wenn die Anwesenden sich einen Sündenbock suchen, dem sie alle Schuld zuschieben.

Persönlich weigere ich mich, unerbetene Kritik an meiner Person zu akzeptieren. Wenn jemand es nötig findet, hinter meiner Auffassung eine innere Deformation zu suchen - ob es die Unterstellung ist, daß ich mit dem verkehrten Fuß aus dem Bett gestiegen sei oder die Behauptung, daß gewisse Seelendefizite mich ungeeignet machen, um... -, ist das Gespräch beendet. Das hat übrigens nicht nur seine sozial-theoretischen und sozial-hygienischen Gründe, sondern auch praktische: denn ein solches Gespräch endet beinahe immer mit Krach und Haß.

> *"I shot an arrow into the air,*
> *It fell to earth, I knew not where;*
> *(...)*
> *Long, long afterward, in an oak*
> *I found the arrow, still unbroke*
> *(...)"*
>
> (Longfellow, 1845)

Soll man sich also alles bieten lassen? Bevor wir uns dieser Frage nähern, möchte ich erst bemerken, daß die Folgen einer in Empörung, Zorn oder Wut geäußerten persönlichen Kritik meist längst nicht so katastrophal sind wie sorgfältig vorbereitete Belehrungen und Ermahnungen. Man weiß ja aus eigener

Erfahrung, daß man sich im Affekt zu Äußerungen hineinreißen läßt, die man gar nicht so gemeint hat. Das Element, als Objekt behandelt zu werden, wird dabei viel weniger stark erfahren. Schimpfworte sind relativ harmlos. Meiner Erfahrung nach verletzen sogenannte therapeutische und pädagogische Bemerkungen am stärksten. Diese verletzen auch dann, wenn sie als Kritik zur Sache getarnt sind. In der Tiefe seines Wesens vernimmt der Gerügte sehr wohl, ob die Kritik sachlich oder persönlich gemeint ist.

Dies vorausgesetzt, sei bemerkt, daß wir auch in dieser Beziehung das Übliche auf den Kopf stellen müssen, wollen wir dem Sozialimpuls gerecht werden. Wie man als Belehrungsobjekt sich wehren kann, indem man den Kontakt einfach abbricht, so kann man, wenn man selber in Versuchung kommt zu belehren, weil man unter den Eigenschaften und dem Betragen anderer leidet, ebenfalls die Initiative ergreifen. Aber eben nicht, indem man den anderen nun auf sein fehlerhaftes Auftreten weist, sondern indem man ihn im Hinblick auf die eigene Schwäche bittet, ob er bereit wäre, dieser Rechnung zu tragen. "Da ist wieder so ein Nikotinsüchtiger, der die Luft verpestet" führt, wenn nicht zum Krach, dann doch zur Verstimmung. "Wären Sie bereit, das Rauchen hier im Raum aufzugeben, weil ich den Rauch nicht vertrage?" gibt als Ursache des Interessengegensatzes meine Schwäche an und meine Unfähigkeit (auch und gerade, wenn ein physiologischer Grund vorliegt), mich zu ändern.

Man würde mich falsch verstehen, sähe man darin einen moralischen Hinweis. Ich spreche über die zwischenmenschliche Wirklichkeit, die wir nur nicht gerne sehen. Und es schmeichelt unserem Selbstbildnis, wenn wir unserem Laster den Mantel der Behilflichkeit umhängen. Weil wir von zwei Möglichkeiten bei konfliktartigen Interessen den Splitter im Auge des andern eher sehen als den Balken im eigenen, soll *er* sich ändern. Daß man sich selber ändern könnte, kommt einem sogar als Gedanke selten. Das ist ja unsere normale, aber eben sich ad absurdum geführte Einstellung, daß wir den andern wie ein Objekt, das unseren Ärger erregt, ändern wollen. Die Menschen zum gesellschaftlichen Funktionieren bringen zu wollen, das liegt ja auch der von uns geschaffenen Technokratie zugrunde. - Da aber, wo das Benehmen des andern unerträglich wird und die Bitte, der eigenen Schwäche Rechnung zu tragen, nicht hilft, hilft auch keine Abqualifizierung. Man kann dann noch besser den Richter als neutrale Instanz einschalten. Der gibt, was uns von Rechts wegen zusteht - und auf mehr haben wir keinen Anspruch.

Damit ist ausgesprochen, daß es sich bei obigem Problem um eine Rechtsfrage handelt - "Recht" dann im weitesten Sinne genommen: das Ich und Du. Steigt man in ein anderes Gebiet ein, dann ist die urielische Gebärde nur bedingt am Platze. Der Verwechslungen und Mißverständnisse wegen sei darauf mit einigen Worten hingewiesen.

Ist man in der Sphäre des Geisteslebens, das heißt des Verhältnisses der Seele zur geistigen Welt, dann geht es nicht um den andern, dann geht es um die Wahrheit. Hier herrscht (Geistes-)Kampf, Konkurrenz. Der Freiheit des Andersdenkenden, seine Auffassungen zu äußern, steht die meine gegenüber, jene radikal zu bekämpfen. Es gibt da weder Recht auf noch Pflicht zur Schonung, solange man sich peinlich genau auf dasjenige beschränkt, was der andere in die Öffentlichkeit gebracht hat. Wer sein Produkt dafür reif befunden hat, hat sich deren Kritik zu stellen. Umgekehrt gilt, daß man das nicht für die Öffentlichkeit Bestimmte ignoriert. Das gilt für das, was man aus persönlichen Gesprächen weiß, genauso wie für unveröffentliche Vorträge Steiners, ersteres vielleicht mehr aus sozialer, letzteres aus wissenschaftlicher Hygiene. Es gilt - wieder entgegen dem Geschmack der Zeit - auch für Gestorbene.

Zu jenem, nicht für die Öffentlichkeit Bestimmten, gehören auch die Gründe und Motive, die jemanden bei Äußerungen oder Taten geleitet haben. Oft wird ja der andere selbst das Bedürfnis haben, seine Gründe darzulegen, sonst aber sind Hypothesen und Unterstellungen Zeugen von fehlendem Respekt vor dem (Seelenleben des) anderen. "Es ist von einem gewissen Standpunkt aus sogar schlicht persönlichkeitsverletzend, nach den tieferen Gründen für eine Entscheidung zu forschen" (*Georg Buß: Von der sozialen Wirkung des Wortes*, in *Erziehungskunst 1989/5*). Nur insoweit Geistesleben im Denken verbleibt, ist die Nachfrage: "Wie kommst Du zu diesem

Schluß?" gestattet. Das Denken ist ja nachvollziehbar. "Er hat schlechte Erfahrungen mit Dornach gemacht und ist deswegen gegen 'Netzwerk Dreigliederung'" führt primär vom Streitpunkt weg und ist mehr allgemein sozial unhygienisch - wobei ganz nebensächlich ist, daß die Hypothese nicht stimmte. Die meisten Unterstellungen drücken eine Qualifikation aus - eine negative oder positive. Diese liegen auf dem Gebiet des Rechtslebens, auch wenn sie nicht verboten sind. Auf dem Gebiet des "inneren Rechts".

Ob Herr Kunz sich darüber aufregt, weil ich ein Komma vergessen habe oder weil meine Darstellungen der Dreigliederung vollständig falsch seien - es bleibe ihm unbenommen; auch wenn seine Wortwahl der Bedeutung unangemessen scheinen mag. Wir bleiben im Geistesleben. Wenn er aber das vergessene Komma auf meine Schwierigkeiten mit der Interpunktion und vielleicht diese wieder auf seelische Deformation zurückführt, dann dringt er in etwas ein, das ihn überhaupt nichts angeht, das auch das Problem keinen Schritt weiter auf die Lösung hinführt. Man kann das nur schärfstens zurückweisen. - Wenn er meine Ansicht der Dreigliederung den reinsten Kommunismus nennt, so kann man darüber argumentieren; nennt er mich aber einen Kommunisten, dann hat er den Respekt, den wir jedem anderen Menschen zollen, verloren und braucht sich über eine Ohrfeige nicht zu wundern - im Bilde gesprochen natürlich.

Es gibt Ausnahmen. Wenn jemand *bewußt* Unwahrheiten veröffentlicht - was man aber nur in den seltensten Fällen wissen kann -, dann verdient er keinen Schutz. Ohne ihn - auch hier wieder - persönlich zu diffamieren, darf man nach Aufdeckung seiner Arbeitsweise konstatieren, daß diese nicht ernst genommen zu werden braucht und daß weiteres Eingehen auf seine Elaborate sich erübrigt, weil der Autor sich als Gesprächspartner selbst eliminiert hat.

Wieder muß gesagt werden, daß die hier gemeinte soziale Hygiene alles andere als selbstverständlich ist. Der vordergründig noble Umgang mit den Produkten eines Autors, der nun gerade nicht nötig ist, spielt sich nur zu oft ab gegen den Hintergrund von persönlichen Verdächtigungen.

Nach diesen direkt vom Sozialimpuls hergeleiteten prinzipiellen Erwägungen, entsteht die Frage, wie sich die Problematik in der Mesosphäre gestaltet. Gerade im institutionellen Leben, das heißt überall da, wo Menschen auf ein gemeinschaftliches Ziel hin zusammenarbeiten, wirken persönliche Urteilsäußerungen - von Anzüglichkeiten bis zum Verdammen - wie Gift, während andererseits die Gebundenheit an ein Ziel Korrekturen des Mitarbeiters nötig machen kann. Läßt uns in dieser Zwickmühle der Sozialimpuls im Stich?

Wir wollen zuerst feststellen, daß, zu welchem gesellschaftlichen Glied eine Institution auch gehören mag, in ihr immer Geistesleben, Rechtsleben und Wirtschaftsleben zu finden sind. Während aber im Mikro-Leben im Umgang mit anderen Menschen die Unterscheidung der Diskretion des einzelnen überlassen bleibt, ist die Institution durch ihr eigenes Rechtsleben imstande, die Art des Auftretens in den drei verschiedenen Gebieten zu strukturieren. Daß zum Beispiel im Geistesleben jedwede Kritik, die der Wahrheitsfindung (im Nicht-persönlichen!) dient, gestattet sein soll, bedeutet noch nicht, daß sie sich zu jeder Zeit und an jedem Ort Luft verschaffen darf. Die Institution arbeitet ja auf ein Ziel hin, und dieses Ziel kann gewisse Einschränkungen erfordern. Sie darf aber niemals das Äußern welchen Standpunktes auch immer an jedem Ort und zu jeder Zeit in der Institution verunmöglichen. Auf der anderen Seite fordert ihr Wirtschaftsleben, das die Effizienz der Institution darstellt, innerhalb gewisser Grenzen, auf die ich jetzt nicht eingehen will, eine Befehls- und Korrekturstruktur: Wo kämen wir hin, wenn der Werkmeister nicht korrigieren und bestimmen dürfte? Daß es dabei manchmal grob zugeht, also persönlich wird, wird selten verübelt, weil man es aus der Sache und der Situation heraus versteht. "Wären Sie bitte so freundlich, mir den Hammer zu reichen" wäre einfach lächerlich.(19)Man erlebt den Unterschied, wenn man mit der dem Rechtsleben zuzurechnenden militärischen Befehlsstruktur vergleicht. "Dalli-dalli, du Lahmarsch!" - vom Meister gerufen, wenn die Situation Eile erfordert -, dürfte der Lehrling kaum als Beleidigung auffassen. Wenn hingegen der Feldwebel den Rekruten anpfeift: "Geht's noch langsamer, du A...", dann empfindet dieser sofort die Absicht, ihn zu erniedrigen.

Die Art nun, in der sich Kritik in einer Institution vollziehen kann, findet ihren hygienischen Ausdruck in dem demokratisch-republikanischen Prinzip (siehe Kapitel 2). An dieser Stelle möchte ich nur die unmittelbar das Thema berührenden Aspekte behandeln. Wir unterscheiden:

- Es geht erstens um den Aufgabenbereich. Demokratisch werden dafür Mandate verteilt. Während deren Lauffrist ist jegliche Kritik an der Art, wie der Mandatsträger sein Amt erfüllt, verboten, auch in der Form von "Fragen" und "Vorschlägen". Nur in einem Notzustand darf zwar der Mandatsträger nicht kritisiert, aber das Mandat vorzeitig beendet werden. Auch davon muß man sagen, daß dieses auf Steiner zurückgehende Prinzip nicht einmal an anthroposophischen Institutionen allgemein befolgt wird. Nur zu oft ist die Art, wie der andere seine Arbeit macht, Objekt von "Signalen" oder anderen euphemistisch umschriebenen Bemängelungen. Jedoch, erst wenn der Mandatsträger die Sicherheit hat, daß seine Arbeit wirklich nicht benörgelt wird, ist er innerlich frei, Kollegen um Rat zu fragen und - vielleicht - die Schuld an weniger erfreulichen Resultaten bei sich selbst zu suchen. Dann erst fängt die Institution wahrlich zu atmen an.

- Es geht zweitens um das eigentliche Rechtsgebiet einer Institution: die Verbote, manchmal auch Gebote. Diese kommen demokratisch zustande und konfrontieren die Mitarbeiter mit der Tatsache, daß sie das, was sie aus mentalen Gründen akzeptiert haben, vital nicht immer wahrmachen können. Man kann einsehen (= mental), daß man nicht zu spät am Arbeitsplatz sein darf - und trotzdem zu spät aufstehen (= vital). Man kann einsehen, daß man der holden Weiblichkeit am Arbeitsplatz nicht zu nahe rücken darf - und trotzdem seine Finger spazierengehen lassen.

Nun geht es nicht an, daß jeder bei den hier und unter 1. gemeinten Verstößen gegen demokratische Beschlüsse den Moralisten spielen darf. Damit käme genau jene persönliche Kritik, die wir als unsozial kennengelernt haben, vergiftend in das institutionelle Leben. Wie löst man sich aus diesem Dilemma?

Der Ausweg ist der "Supervisor", wie er auf Neudeutsch genannt wird. Er wird demokratisch gewählt aus der Einsicht heraus, daß das Einhalten des Übereinkommens kontrolliert und nötigenfalls erzwungen werden muß. Auch der Supervisor

- und das unangenehme Amt soll schnell reihumgehen - moralisiert nicht. Er macht den "Täter" auf die Regelwidrigkeit aufmerksam und wird, sollte das nicht helfen, den Befund in das Rechtsorgan der Institution einbringen. Da wird wiederum nicht moralisiert. "Wie ist es möglich, daß ein gebildeter Mensch wie Sie, nun schon wieder..." ist menschenunwürdig. Das Rechtsorgan wird nicht mehr tun, als die Folgen des regelwidrigen Verhaltens feststellen.

Gewiß kann nicht alles, was vorkommen kann, vorsorglich reglementiert werden. Man kann bestimmte Unhöflichkeiten, die dem Ziel der Institution schädlich sind, *ver*bieten, man kann nicht Höflichkeit *ge*bieten. "Schlagen Sie mir doch nicht immer die Türe vor der Nase zu!" wird man kaum verbieten: weder das unhöfliche Zuschlagen noch die unhöfliche Bemerkung. Den in einer Zusammenkunft gerade das Wort führenden Sprecher zu unterbrechen hingegen, das wird man nur dem Versammlungsleiter erlauben. Er ist der Unbeteiligte aus seiner Funktion heraus. Nicht: "Unterbrechen Sie mich doch nicht schon wieder!", sondern: "Herr Vorsitzender, wollen Sie bitte dafür sorgen, daß ich nicht unterbrochen werde!"

Wiederum muß ich sagen: Leider ist der Usus in vielen Institutionen der umgekehrte. Man verbietet nicht gern. "Solche Dinge müssen sich im lebendigen Prozeß des Miteinanders ergeben." Dafür wird den Mitarbeitern von allerlei Leuten, die sich dazu berechtigt fühlen, "ins Gewissen geredet", bis die Institution moralinsauer und die Mitarbeiter stinksauer sind. Dann erscheinen die Psychologen, die mit seelentechnischem Know-how ans Konditionieren und Motivieren gehen. Das kann gewiß eine momentane Hilfe sein. Man muß aber wissen, daß die nicht aus dem sozialen, sondern aus dem therapeutischen Impuls kommt, daß das Resultat also nicht ein soziales sein kann. Das läßt sich sogar ohne Beispiele prophezeien. Es *muß* herauskommen, wenn man den Menschen als Objekt behandelt. Dem aber sollte man von Anfang an vorbeugen, indem eben die Persönlichkeit des andern nicht zur Debatte steht. "Die Würde des Menschen ist unantastbar." Nimmt man diesen Satz aus der Verfassung ernst, dann ist er eine exakte Beschreibung der urielischen Gebärde.

ANMERKUNGEN

1 - Von all den Argumenten gegen die institutionelle Dreigliederung hat keines so wenig Eindruck auf mich gemacht wie jenes, daß Steiner (fast) nie etwas dazu gesagt habe (vgl. meinen *Sozialimpuls* S.180 ff.). Er hat auch nichts über Aids gesagt, und trotzdem dürfte niemand etwas dagegen haben, daß anthroposophische Ärzte sich dieser Krankheit annehmen. Steiner hat ja so viel über den menschlichen Organismus verdeutlicht, daß man damit auch Neuland betreten kann. Ebenfalls aber hat Steiner so viel über den sozialen Organismus gesagt, daß man damit den Institutionen "zu Leibe rücken" kann. Wenn die Dreigliederung dem Wesen des Menschen abgelesen ist, wie Steiner sagt, wie soll man sie denn nicht in Betracht ziehen für den Aufbau von Institutionen, wohinein doch Menschen ihr ganzes Wesen tragen? Ob man das soziale Dreigliederung nennen oder diesen Terminus für die Makro-Sphäre reservieren will, ist eine Wort- und keine Begriffsfrage.

2 - Obwohl eine Institution meines Erachtens keine Intimsphäre besitzt (siehe mein *Eine Intimsphäre der Verbände?* in *Lazarus 1990/2*), muß die Intimsphäre der Mitarbeiter geschützt werden. Dazu gehört wiederum nicht, was ein Mitarbeiter in seiner Funktion gesagt oder getan hat.

3 - Das hier Gesagte gilt nicht für Fälle, in denen Aufgaben an Außenstehende delegiert werden, z.B. an einen Rechtsanwalt. Dann muß die Institution das Recht behalten, jederzeit einzugreifen.

4 - Ich wurde oft gefragt, ob man denn im Organ des Geistes- und des Rechtslebens konträr urteilen könne. Die Praxis hat erwiesen, daß das ohne weiteres möglich ist. Man erscheint wirklich jeweils in anderer Seelenstimmung - was ja auch gelernt werden soll. Gewiß, manche Leute und gerade jene, die das Befehlen gewöhnt sind, tun sich schwer damit und probieren, für ihren vorweg genommen Standpunkt Wirtschafts- und Rechtsargumente zu ersinnen. Sie verraten sich meist schnell und spielen, wenn man in den drei Organen nur das Hineingehörende zu Wort kommen läßt, im ganzen Prozeß keine erhebliche Rolle. Allerdings, wer unbedingt hörig sein will, wird auch seinen Lehnsherrn finden.

5 - Im Leben einer Schule werden viele Regeln gegeben, deren Objekt aber auf die Dauer oft entweder hinfällig oder reparaturbedürftig wird. Es dient der sozialen Hygiene und dem Rechtsbewußtsein, wenn zum Beispiel alle zwei Jahre untersucht wird, was gestrichen werden kann. Die Aufhebung von Regeln erfordert aber einen... Beschluß.

6 - Auch das in den Schulen viel benutzte Werk, Stefan Lebers *Sozialgestalt der Waldorfschule* (Stuttgart 1974), läßt die demokratische Prozedur so gut wie unbeachtet. Obwohl es die Zettelwahl, die Steiner in dem sogleich zu behandelnden Fall wünschte, erwähnt (S. 161), die Struktur

der Waldorfschule auch als republikanisch-demokratisch andeutet, wird die Demokratie zu einem abstrakten, die Abstimmung ausschließenden Gleichheitsprinzip reduziert (S. 56 ff.) und damit de facto die demokratische Komponente eliminiert.

7 - Siehe zum Begriff *republikanisch* vor allem auch GA 300a (1975), S. 68 und GA 293 (1973), S. 205. Steiner benutzt ihn da als Gegensatz zu einer institutionellen Leitung, die von einer Regierung oder einem Rektorat ausgeht. Bei einer republikanischen Konferenz ist jeder einzelne Souverän, d.h. er braucht die Auffassung eines anderen nicht zu teilen.

8 - Man kann die *Prozedur* vergleichen mit dem, was bei der "Weihnachtstagung" (aber ohne Störfaktor) stattfand. Steiner bekam das Votum, in Freiheit einen Vorstand zusammenzustellen. Die Versammlung hatte danach ausschließlich die Wahl, diesen Vorstand als Ganzes anzunehmen oder zu verwerfen. Einen Einfluß auf seine Zusammenstellung hatte sie ausdrücklich nicht.

9 - Es ist nicht unmöglich, daß sich Steiner erst im Laufe der Berufungsprozedur dazu entschlossen hat, den Fall als Musterbeispiel durchzuspielen, hatte er doch vor der Wahl bemerkt: "Behandelt wird das, was als Vorschlag vorgelegt wird, dann doch im Kollegium" (ebd. S. 238).

10 - Eine Stimme sollte eigentlich nur der haben, der die Folgen seiner Entschlüsse bis zum Boden auslöffeln muß, im Extremfall bis zu seinem persönlichen Bankrott. Das demokratische Prinzip verträgt daher das Gehaltssystem nicht - ein weiterer Grund, warum es unzeitgemäß geworden ist. Es sollte nur einen Zusammenschluß von "freien Unternehmern" o.ä. geben.

11 - Das von Steiner 1898 formulierte "soziologische Grundgesetz" besagt dem Sinne nach, daß die Menschheit ursprünglich zur Bildung von sozialen Verbänden strebte, denen das Interesse des Individuums geopfert wurde. Die weitere Entwicklung führt aber - und muß führen - zur Befreiung des Individuums von den Verbandsinteressen. Das Verhältnis kehrt sich also um: Die Verbände verhalten sich nur dann angemessen, wenn sie der individuellen Entwicklung des Menschen dienen. Vgl. Rudolf Steiner: Gesammelte Aufsätze zur Kultur- und Zeitgeschichte 1887-1901; GA 33, Dornach 1987.

12 - Im *Lehrerrundbrief* 1971/2 hat Lehrs eine Zusammenfassung seines Artikels gebracht, in der vor allem die einleitenden Worte Verdeutlichungen seines Anliegens enthalten. Lehrs' Kampf gegen die Demokratie entzündet sich einzig an demokratischen Eingriffen in ein bestehendes Mandat. Insoweit bin ich sogar radikaler als er, weil ich auch den unerbetenen Rat als Einmischung abweise. Ohne Beispiele und ohne weitere Erwägungen wird dann aber die Demokratie *als solche* zu einem Anhängsel des republikanischen Prinzips degradiert. Dieses

Postulat geht sowohl an der Bedeutung der Demokratie innerhalb der Meso-Dreigliederung im allgemeinen wie auch an den vier demokratischen Abstimmungen, die Steiner an jenem 31.Januar 1923 halten ließ, vorbei. - Es gibt mehr Punkte, wo Lehrs und ich divergieren. Ein Wort wie "Hierarchie der Funktionäre" zum Beispiel steht meinem Lebensbereich fern. "Demokratische Gestaltung einer Republik" käme diesem näher. Ich muß mich aber hier darauf beschränken, was die menschliche Tragik *und* die strukturelle Notwendigkeit von Mehrheitsbeschlüssen betrifft, auf meinen *Anthroposophischen Sozialimpuls* zu verweisen.

13 - Da ich die drei Phasen - Gründerphase, bürokratische Phase und kommunikative Phase - in meinem Buch *Der Anthroposophische Sozialimpuls* (S.261 ff) ausführlich beschrieben habe und das dort Gesagte voll und ganz für Schulen zutrifft, verweise ich den Leser darauf. Ich möchte nur bemerken, daß diese Beschreibung, was die beiden ersten Phasen betrifft, bis auf untergeordnete Punkte mit Lievegoeds Auffassung (z.B. in *Soziale Gestaltung am Beispiel heilpädagogischer Einrichtungen*, Frankfurt 1986) übereinstimmt. Mit der dritten Phase, die ja noch kaum aus der Praxis abgeleitet werden kann, deren Bild man aber aus den sozialen Forderungen unserer Zeit ablesen kann, gehen wir andere Wege.

14 - Übrigens gilt desgleichen in vielen Staaten auch für nicht geförderte Schulen. Hier mehr, dort weniger wurde dieses Hoheitsrecht eingeschränkt. Straßburg rief Großbritannien (und damit auch allen unter seine Jurisdiktion fallenden Staaten) ein Halt zu. In den Niederlanden urteilte der höchste Richter (auf Grund der Freiheitsrechte?), daß kein Schulzwang den Eltern, die mit den gegebenen Schulen nicht zufrieden sind, verbietet, ihre Kinder selbst zu unterrichten.

15 -Weil die Geschichte von Wernstein manchem bekannt ist und mir erwidert werden könnte, daß auch Wernstein um Förderung nachgesucht hat, sei hierzu kurz bemerkt: Wernstein hatte 9 oder 10 Klassen und beabsichtigte keineswegs weiter aufzubauen. Man wurde aber von den Behörden dazu gezwungen. Nur als Waldorfschule nämlich konnte Wernstein im Sinne des Lehrpflichtgesetzes als Schule gelten. Und der Bund der Waldorfschulen hatte diese - wahrscheinlich auch aus Förderungsgründen - als Schulen einstufen lassen, die auf das Abitur vorbereiten. Wenn, so die Behörden, Wernstein auch weiterhin nicht auf das Abitur vorbereite, wäre es keine Waldorfschule und müsse die Türen schließen. - Es waren die konkreten dortigen Verhältnisse, die die Finanzierung der restlichen Oberstufe unerschwinglich machten und mit dieser Wernstein das Joch der Förderung auferlegten.

16 -Die im April 1992 beginnende Ausbildungsgruppe scheint sich etwas anders strukturieren zu wollen. - Soeben erreicht mich der Bericht,

daß die Architektur-Studenten der Alanus-Hochschule in Alfter bei Bonn, die diese Studienrichtung schließen wollte, ähnliches in Angriff genommen haben.

17 -Als in einem Brief aus München über (damals) sieben Waldorfschulen gesprochen wurde, gab es eine Diskussion im Bund, ob man dem Kultusministerium nicht berichten solle, daß es nur sechs seien, weil Wernstein nicht dazugehöre. Man hat es schlußendlich doch gelassen.

18 -Von Uriel, dem unbekanntesten der biblischen vier Erzengel. Vgl. Chron.I, 6:24 und 15:5-11, sowie Rudolf Steiner in GA 229 (1955)IV. Uriel war im Mittelalter unter seinem griechischen Namen Oriphiel als Saturngenius bekannt. Vgl. Rudolf Steiner in GA 265 (1987) 336.

19-In einem Witz aus der Gründungszeit Israels kommt die Sphärenvermischung deutlich heraus: Eine Streife hört hinter dem Gebüsch verdächtige Geräusche. Sich heranschleichend, sieht sie zu ihrer Überraschung, daß eigene Soldaten in einer langen Reihe einen Laster ausladen. Bei jedem überreichten Stück murmeln sie: "Bitte schön, Herr Doktor - Danke schön, Herr Doktor".

Bibliographische Notizen

- Die Grundlagen für den Inhalt dieses Buches sind in meinem Werk *Der Anthroposophische Sozialimpuls* (Schaffhausen 1984) zu finden. Das sind namentlich die vier Kräfte, die das gesellschaftliche Feld beherrschen: das soziologische Grundgesetz, das die Befreiung des Individuums aus der Macht der Verbände beschreibt und das das Geistesleben beherrscht; das soziale Hauptgesetz, das die Trennung von Arbeit und Einkommen als Vektor für die Wohlfahrt behandelt und das Wirtschaftsleben bestimmt; das Formprinzip, das im Rechtsleben zum Ausdruck kommt und sich als zeitgemäße Struktur als Dreigliederung präsentiert; und schließlich das Agens, der individuelle menschliche Impuls, der den drei Gebieten Inhalt gibt und als sozialer Impuls im sozialen Urphänomen urständet.

- Die Grundform (Kapitel 1) ist eine vollständige Neubearbeitung des 1973 auf holländisch (in *Maatschappijstructuren in beweging*, Zeist) und 1976 in *Gesellschaftsstrukturen in Bewegung* (Achberg) erschienenen Beitrages über die Struktur der Geert Groote School. Siehe dazu auch *Der Anthroposophische Sozialimpuls*, S.203ff.

- Kapitel 2 erschien als *Demokratisch u n d republikanisch* in *Erziehungskunst* 1988/1. Der Artikel wurde leicht überarbeitet, wobei einigen Punkten aus der Entgegnung H.P.van Manens (1990/7-8) und meinem Widerwort (1990/11) Rechnung getragen wurde. Der Dialog fand ursprünglich im *Mededelingenblad van de Anthroposofische Vereniging in Nederland* statt und zwar in den Nummern November 1986, Februar, März, April und November 1987 und April 1988. Siehe zum republikanischen Prinzip auch meinen *Sozialimpuls* S.251ff.

- Zu Kapitel 3 (Richterorgan) vergleiche meinen *Sozialimpuls* S.215f.

- Zu Kapitel 4 (Geistesorgan) vergleiche den *Sozialimpuls* S.261f. (Fußnote 21: GA 196 = Ga 190)

- Kapitel 5 (Lehrer und Eltern) ist der ins Deutsche übertragene und überarbeitete Text des Artikels *Vrije School en Vrije School-ouders*, der in der Konferenzzeitung der Lehrerföderation (Zutphen 1988) erschien.

- Schule und Förderung (Kapitel 6) wurde neu hinzugefügt. Vergleiche dazu aber *Das Gruppenstipendium* in *Info3 1986/2*.

- Das alternative Modell (Kapitel 7) ist ebenfalls neu. Vergleiche dazu aber *Die Dreigliederungsausbildung in den Niederlanden* in *Info3* 1988/6.

- Kapitel 8 (die Zweiklassenschule) ist neu.

- Anhang A (Sozialpathologie) erschien auf holländisch in *Driegonaal* 1990/3.

- Anhang B (die urielische Gebärde) erschien im *Lazarus* 1990/1. Siehe dazu auch *Über Urieliten* in *Lazarus* 1989/2.

Folgende Themen sind in dieser Sammlung nicht enthalten:
- *Die Versorgung im Alter*, enthalten in *Gesellschaftsstrukturen in Bewegung* (Achberg 1976). Dieser Artikel erschien, vollständig neu bearbeitet, unter dem gleichen Titel in *Info3* 1990/10. Die Problematik ist für Schulen weniger aktuell, da die Mitarbeiter als Angestellte beinahe alle zwangsversichert sind und die wenigen Ausnahmen der "Masse" entbehren, die für eine eigene Regelung nötig wäre.
- Die Entwicklungsphasen der Schulen. Diese sind in meinem *Sozialimpuls* S.246ff. behandelt. Die Bearbeitung der drei Phasen für diese Ausgabe würde eine weitgehende Beschreibung anthroposophischer Kernbegriffe fordern, die deren Ziel weniger dienlich sein dürften.

Hinweise auf Literatur zum Thema

Im Gegensatz zur Literatur über Waldorfpädagogik ist jene zur Waldorfschulstruktur, die weiter geht als manchmal gewiß interessante Einzelprobleme, mager. In dem in nachstehender Liste genannten Buch von Stefan Leber findet man weitere Literaturangaben, hauptsächlich nicht-anthroposophischer Autoren.

Bos, Alexander *Dreigliederung im Mesosozialen* in *Gesellschaftsstrukturen in Bewegung* Achberg 1976.

Hardorp, Benediktus *Elemente einer sozialen Baukunst* in: *Der Mensch in der Gesellschaft* Stuttgart 1977.

Kugler, Walter *Selbstverwaltung als Gestaltungsprinzip eines zukunftsorientierten Schulwesens* Stuttgart 1981.

Leber, Stefan *Die Sozialgestalt der Waldorfschule* Stuttgart 1974.

Leist, Manfred *Eltern und Lehrer* 2.Auflage Stuttgart 1988.

Lievegoed, Bernard *Soziale Gestaltung am Beispiel heilpädagogischer Einrichtungen* Frankfurt 1986.

Manen, Hans Peter van, siehe Bibliographische Notizen zu Kapitel 2.

Steiner, Rudolf *Konferenzen mit den Lehrern der Freien Waldorfschule in Stuttgart* Dornach 1975 (Bände 300a, 300b und 300c der Rudolf Steiner Gesamtausgabe).

Wernstein Bericht - Weihnachten 1991.